DÉBORA OLIVEIRA AIETA DE MELO

DEGRAU POR DEGRAU RUMO À INDEPENDÊNCIA FINANCEIRA

1ª edição

Débora Aieta
Rio de Janeiro
2022

DEGRAU POR DEGRAU RUMO À INDEPENDÊNCIA FINANCEIRA

@2022 – por Débora Oliveira Aieta de Melo

Primeira edição – Janeiro 2022

Capa

Maurício, Moriah e Daniel Aieta

Diagramação Interna

Débora Aieta

Contato da autora

E-mail: aietadebora@gmail.com

WhatsApp: (21) 98090-6243

Canal no Youtube: Fé, Foco e Finanças com Débora Aieta

Instagram: @debora_aieta

Proibida a reprodução por quaisquer meios sem o consentimento prévio por escrito da autora, salvo em breves citações e com indicações das fontes. A autora procurou fornecer informações atualizadas sobre os investimentos citados, porém se exime de qualquer responsabilidade por mudanças em leis, regras e eventuais erros ou omissões.

Dedicatória

Primeiramente a Deus, que me mandou escrever este livro....

Missão cumprida Senhor! Eis-me aqui, pode contar comigo para abençoar vidas!

Ao meu marido, companheiro de todas as horas, sócio, apoiador, cooperador neste projeto.

Aos meus filhos, herança do Senhor, minha primogênita Moriah e meu caçula Daniel; razões principais do meu sonho de independência financeira.

Aos meus pais, meus primeiros exemplos práticos de que é possível desfrutar de liberdade financeira, mesmo quando se ganha pouco aparentemente.

Independência Financeira

- Palavra Final 189
- Cheguei no topo e agora? 167
- Demissão ou libertação? 143
- O conhecimento faz a diferença 89
- Qual é o melhor investimento? 83
- Preciso ser milionário? 79
- O projeto de Independência Financeira 73
- A loucura e a sabedoria 65
- Quando hei de trabalhar pela minha casa? 61
- Egito é Egito, mesmo que você esteja no palácio. 57
- O sonho da escada 09

O SONHO DA ESCADA

1º Passo: Tenha consciência que não se começa pelo topo, é necessário subir degrau por degrau.

Quando tinha apenas 15 anos de idade já queria trabalhar, minha mãe estava meio resistente à ideia, mas a persuadi dizendo: "Mãe, lembra que pequena eu queria lavar louça e você não deixava? Agora detesto lavar... Mãe, me deixe trabalhar, senão posso virar desocupada, preguiçosa, não gostar de trabalhar mesmo".

"O preguiçoso morre desejando, porque as suas mãos recusam trabalhar."
(Provérbios 21.25)

Estava decidida a trabalhar. Quando coloco algo de verdade na cabeça, insisto, não desisto, até conseguir, para alguns posso ser chata, teimosa, para outros, persistente, resiliente.

Posso ouvir de tudo, mas procuro guardar o que é bom, útil, mas ao final não fico nem com as críticas, nem com os elogios ao meu respeito. Eu sou quem meu Pai diz que sou, Ele sim me conhece de verdade, por inteiro.

Fui com minha mãe numa agência que encaminhava para vagas de estágio, a entrevistadora analisou meu currículo, gostou que eu tinha adquirido um bom conhecimento de Informática para a época através do curso que fiz, mas fiquei frustrada com a pergunta e informação dela: "Ué, você só tem 15 anos? Só pode estagiar com 16, volte ano que vem!".

Lá me fui esbravejando: "Mundo injusto! Com 15 anos você não pode nada, não pode estagiar, não pode ver alguns filmes... Basta fazer 16 e você pode tudo! Qual a diferença?".

Eu não compreendia porque tinha de esperar, mas não teve jeito, entendendo ou não, tive que completar 16 anos e então pude ingressar no meu 1º estágio como Operadora de Caixa, numa loja de fotografia, no dia 28/11/2002, com salário de R$150,00 mais vale-transporte, na época estava cursando o Ensino Médio Técnico em Informática.

Mesmo ganhando pouco, eu era fiel nos dízimos e nas ofertas e de nada tinha falta.

> *"Quem é fiel no pouco também é fiel no muito; e quem é injusto no pouco também é injusto no muito."*
>
> (Lucas 16.10)

Pouco tempo depois, dia 24/01/2003, fui "demitida", na verdade, dispensada, afinal era só estagiária ainda.

Chorei, mas prossegui, fui procurar outra oportunidade e encontrei rapidamente.

Com 16 anos meu currículo já se destacava, eu já podia dizer que tinha alguma experiência no mercado de trabalho.

Comecei a estagiar em 05/02/2003, na segunda empresa, desta vez como Recuperadora de Crédito, o salário era o mesmo da primeira.

Negociava com clientes que estavam inadimplentes com a antiga ATL (atual Claro) e Ponto Frio (atual Ponto). Com cerca de três meses de atuação na área, já treinava outras pessoas.

Certa feita, estava ocupando a última, ou quase última posição do ranking no quadro de meta, parecia que não ia ganhar minha comissão de R$50,00, aquele mês. Todavia, surgiu um cliente querendo pagar sua dívida à vista, o que naquela carteira não era comum; o povo gostava de parcelar, ainda mais valores altos.

Eu tinha agendado com o cliente para o último dia útil do mês. O supervisor olhou para mim apontando que meu prazo estava acabando, no que respondi: "Ainda não acabou o expediente!"

O dia foi findando, ia atender meu último caso novo, quando o sistema pulou para os casos agendados e lá estava estampado o cliente que eu esperava, com dois "Silva" em seu sobrenome. Liguei, confesso, um pouco desacreditada: "O senhor ficou de comparecer em nosso escritório hoje...".

Ele prontamente respondeu: "Sim, estou perdido, na altura do endereço tal...".

Saltei de alegria: "É aqui embaixo!".

Sentava perto da janela, então falei em bom tom: "Obrigada Deus!".

Minha colega olhou, falei algo do tipo: "Ele é meu amigo!".

Quase agarrei o supervisor pela gravata, para que contemplasse a mudança da minha sorte, aparentemente no final do "2º tempo".

Corri para a recepção a fim de ver este cliente especial, era um jovem rapaz, parecia ser humilde, simples, mas que foi usado por Deus para reverter o meu quadro literalmente naquele dia, saí do final, para o topo do ranking e bati a meta quando até eu, começava a duvidar.

Uma coisa tenho aprendido na minha caminhada: Deus é totalmente confiável, não há razão para duvidar dele! Ele reverte situações de uma hora para outra, em favor dos seus, pois tem todo poder em suas mãos e prazer em nos abençoar! Não é pelo que vejo, mas pelo que creio!

Havia uma empresa concorrente no mesmo prédio que começou a fazer entrevistas, um dia faltei no estágio para ir lá também.

O chefe que estava atento ao que estava acontecendo perguntou porque faltei no dia anterior, respondi que fui resolver algo pessoal. Ele me chamou em sua sala, os colegas olharam com uma cara que expressava: "Ih, vai ser demitida!".

Chegando lá, ele me perguntou: "Não acha que mereço sua confiança?".

Respondi: "Sim, fui fazer entrevista na concorrente".

Ele indagou: "O que ofereceram?". Informei que o salário era R$300,00, ou seja, o dobro.

Ele então me disse que aumentaria o salário para R$240,00, com mais a comissão de R$50,00 se batesse a meta, mas pediu para que eu não divulgasse isso, pois só os mais antigos seriam beneficiados.

Na primeira empresa me dispensaram, na segunda me chamam para conversar e aumentam meu salário, com medo de que eu fosse embora.

Que mudança, que reversão de quadro eu já podia experimentar no início de minha trajetória profissional!

Saí da sala feliz da vida, gostava da empresa, queria apenas ganhar mais, porém acabei permanecendo por pouco tempo, pois logo surgiu uma oportunidade inacreditável para mim na época: Salário de R$300,00, com mais 10% de comissão, o que dava para ganhar cerca de R$800,00 por mês, no total.

Era muito dinheiro para uma adolescente, não fui de imediato, deixei que outros colegas fossem na frente, espiar o território e me garantir que o fato era verídico.

Atestada a veracidade do percentual de comissionamento, fiz entrevista e passei, daí o "fui", foi inevitável, saí com o chefe quase me xingando, pois tinha acabado de aumentar meu salário, mas eu precisava continuar crescendo, subindo...

Saí no dia 22/10/2003 e ingressei no mesmo dia, na terceira empresa, como estagiária também, atuando com a mesma função de Recuperadora de Crédito, sendo que nesta, prestei serviços para Embratel, Itaú e Banco Santander.

Era uma boa negociadora, no geral, não tratava meus clientes como devedores culpados, pelo contrário, dizia que eles tinham sido selecionados para quitar suas dívidas com um bom desconto, eles se sentiam privilegiados e presenteados e eu ganhava uma boa comissão.

Também fiz história lá, mas lembrei de uma que merece ser compartilhada aqui.

Certo dia, atuando na Recuperação de Crédito para a Embratel, decidi que naquele dia não ficaria fazendo ligações e sim estrategicamente enviaria faturas em massa para pagamento.

O filho do dono da empresa, ainda jovem, vendo que eu estava praticamente zerada no número de ligações, veio logo gritando, achando que eu estava no trabalho, sem trabalhar.

O seu pai, um senhor de cabelos brancos, mais sábio, o conteve e me chamou em sua sala, indagou-me do fato, a fim de não tirar nenhuma conclusão precipitada, e assim, expliquei minha estratégia.

Graças a Deus, a minha semeadura teve colheita, poucos dias depois, tive muitos pagamentos das faturas que tinha enviado.

Numa ocasião, acredito que no meu aniversário, ao ganhar presente na empresa, recebi também um cartão, pelas mãos do filho do dono que tinha me julgado precipitadamente, era como um pedido de desculpas.

Ainda bem, que Deus não vê como o homem vê, pois nos equivocamos ao enxergar as pessoas pela aparência.

"porque o Senhor não vê como vê o homem. O homem vê o exterior, porém o Senhor, o coração."
(1 Samuel 16.7)

Fui efetivada em 08/01/2004, com salário de R$384,00 (fora a comissão variável), que já foi aumentado no mês seguinte. Porém, como a empresa aumentou posteriormente sua carga horária, o que me prejudicaria nos estudos, decidi sair em 06/04/2004, neste momento, eu já era uma universitária cursando Tecnologia em Informática.

Certa feita, eu estava em um culto na minha igreja, quando o pastor falou da parte de Deus: "Tem gente aqui que vai poder escolher!". Ele referiu-se à empresa em que a pessoa decidiria trabalhar.

Comecei a fazer entrevistas, uma delas era para uma empresa de Telemarketing, a entrevistadora me perguntou se eu estava com problema na garganta, ou seja, não gostou da minha voz.

Fiquei chateada, pois na terceira empresa que trabalhei, saí dela estando no 2º lugar no ranking de meta, na carteira em que atuava e agora tinha sido humilhada por uma pessoa que nem me conhecia, para uma vaga de salário tão baixo.

Em maio de 2004, no mês seguinte, consegui retornar para a mesma empresa com horário especial, porém como estagiária novamente, a fim de conciliar estudo com trabalho, como estava acostumada.

Porém, eu ainda buscava outra oportunidade, pois a empresa já não era a mesma, até o percentual de comissão tinha sido reduzido, eu tinha de crescer e não retroceder.

Eu também não era a mesma, fui dispensada na primeira, mas agora eu é quem trocava de empresa, quando me fosse oportuno.

Fiz outra entrevista para uma vaga na área de Informática de uma empresa pequena também, não passei.

Fiz outro processo de seleção, desta vez na área de Telemarketing, porém de uma conhecida e grande empresa de Telefonia, que pagava um bom salário e bons benefícios para a época, passei e ainda fui elogiada pela supervisora que disse ter gostado do meu poder de persuasão.

Tive que conversar com o diretor da empresa que eu estava, sobre a minha saída e contei tudo que me ofereceram na outra, ele respondeu: "Não tenho como cobrir a oferta, olha, só não te xingo, porque gosto de você!".

Eu também gostava dele, até me aconselhou a ter cuidado nas grandes empresas, pois segundo ele, acontecia de uma pessoa querer puxar o tapete da outra.

Eu só tinha 18 anos e muita coisa para aprender ainda, mas no meu currículo já estampava a coleção de experiência em três lugares.

Saí a fim de ingressar na empresa de Telefonia, como funcionária no ramo de Telemarketing também, eu já tinha passado no processo, mas precisava aguardar eles chamarem para começar.

Enquanto isso, eu participava de outro processo seletivo, só que para estágio, em outra grande empresa, uma seguradora multinacional e centenária que se destacava principalmente no ramo de Saúde. A oportunidade que eu disputava era na área de Informática, que era a que eu cursava na faculdade.

Enviei meu currículo (parece que tinham recebido cerca de 3 mil), fui selecionada para a prova (somente umas 400 pessoas foram), passei então para a etapa da dinâmica de grupo (8 pessoas ao todo, mas só havia duas vagas nesta área e setor). Destas, 6 eram do sexo masculino e apenas duas, contando comigo, eram do sexo feminino, sendo que na área de Informática, predominavam os homens.

Em uma das etapas, a entrevistadora pediu que cada candidato escolhesse alguém para ocupar a vaga, claro que não valia escolher a si mesmo.

Ela disse, vou dar um exemplo: "Eu escolho a Débora!".

Saí de lá triste, dos candidatos concorrentes, ninguém me escolheu, mas falei para Deus: "Não importa se ninguém me escolheu, importa se você me escolher!"

Veio a notícia que eu, a outra menina e mais dois rapazes passamos para a etapa final que seria a entrevista individual. E para contrariar a lógica, uma vaga foi minha e a outra, da outra menina.

Foi tudo no tempo certo, consegui concluir o processo na seguradora, enquanto aguardava a ligação da empresa de Telefonia, para que se cumprisse o que Deus revelou através do pastor: "Tem gente aqui que vai poder escolher!".

E eu boba, tinha ficado triste quando as portas pequenas se fecharam, mas depois entendi que Deus pela sua bondade e misericórdia, me deixou escolher entre as grandes.

A empresa de Telefonia me ligou, a vaga já estava pronta para posse, mas preferi ir para a seguradora, mesmo que fosse apenas estágio, era na área que eu tinha escolhido atuar, que coloquei na cabeça desde os 13 anos de idade: Informática!

Em agosto de 2005, ainda com 18 anos, ingressei nesta seguradora multinacional, como estagiária de Programação de Sistemas, o salário era muito bom e tinha até cartão para almoçar em restaurantes.

Os colegas do meu setor gostavam de pegar no meu pé, afinal eu era a única cristã por lá. Tinha um que era demais, me fazia rir, ele chegava para me dar satisfação que ainda não tinha arranjado assunto, mas que voltaria assim que tivesse.

Certa feita até exclamou: "Todo crente é ex alguma coisa: ex-bandido, ex-traficante...".

Respondi, cooperando com sua tese: "E você, vai ser o ex-macumbeiro!".

Na verdade, meu colega a quem estimo muito, que foi um professor dedicado para mim, dentro da companhia, na área de programação Cobol, estava certíssimo: Todo cristão é ex-alguma coisa!

Não importa se ex-prostituta, ex-bandido, ex-alcoólatra, ex-fofoqueiro, ex-caloteiro, ex-mentiroso, exconsumista, ex-avarento... O fato é que quando se tem um verdadeiro encontro com Jesus Cristo é impossível continuar sendo o mesmo, a mudança é inevitável, quem era trevas, passa a ser luz!

O tempo passou, eu já estava com 20 anos, fazendo meu TCC (Trabalho de Conclusão de Curso) e projeto final na faculdade, ao mesmo tempo, aproximava-se o término do meu contrato de estágio.

Meu professor e orientador, ao se deparar com imagens das telas, do sistema para noivos que eu estava desenvolvendo na linguagem de programação Visual Basic .Net, resolveu me chamar para tentar uma vaga de analista de sistemas na empresa que ele trabalhava.

Meu "olho cresceu", imagina, de estagiária à analista de sistemas, assim tão rápido, de uma hora para outra!

Minha mãe não gostou da ideia, achava o local perigoso e falou com Deus que queria que eu fosse honrada no lugar que fui humilhada.

Como anteriormente citei, eu era a única cristã no meu setor. As zoações eram inevitáveis, algumas até me faziam rir. Chegaram até a deixar um "protótipo de macumba" na minha mesa, mas levei de boa, sempre com bom humor e além do mais, eu também implicava, mas com limites para não ofender ninguém, só com quem aceitava brincadeiras e sem faltar com respeito.

Meus chefes, assim que souberam da oportunidade que me surgiu, correram para conseguir me efetivar, mas a resposta que tiveram do superior foi negativa: "Para contratar a Débora, só se demitir alguém!".

Isso nem eu queria... Só quero o que é para ser meu, dado por Deus! Na adolescência, recebi uma palavra profética de uma colega de escola: "O que é seu ninguém vai tomar!".

Com o tempo, entendi que esta palavra referia-se ao marido que Deus me deu de presente de aniversário, porém, na época, eu estava como a dracma perdida, da parábola contada por Jesus.

Eu não era filha pródiga, não saí da casa do Pai na minha adolescência, mas era como se estivesse perdida dentro dela mesmo. Costumava fazer a minha vontade e me dava mal, mas depois de um certo conhecimento e intimidade, troquei a minha pela Dele, que é sempre boa, perfeita e agradável.

Conforme falado, em um dia não havia vaga no setor que eu estava estagiando, mas no seguinte, colocaram um bilhete na minha mesa para que eu fizesse entrevista em outra área da mesma empresa, pois lá tinha a vaga que eu precisava.

Fui efetivada em 22/05/2007, nesta grande seguradora multinacional, como Programadora Júnior de Sistemas, senti que aquele seria meu lugar por muito tempo.

Outras oportunidades surgiram ao longo do caminho, mas não me interessei, eu estava aonde devia estar, só trocaria a CIA pela companhia integral de minha família. Só deixaria a empresa pela minha casa, do "palácio", só abriria mão, pelo meu lar.

Era necessário começar de baixo para ter uma base firme, sem pular etapas. Todavia, para Glória de Deus, neste momento, com apenas 20 anos de idade, o meu dízimo já era mais que meu primeiro salário na 1ª empresa.

"Disse-lhe o senhor: Muito bem, servo bom e fiel; foste fiel no pouco, sobre o muito te colocarei; entra no gozo do teu senhor."

(Mateus 25.21)

O colega do setor antigo, sabendo que na nova área, havia mais cristãos, obviamente não perdeu a oportunidade de brincar: "Agora você está no seu lugar, né?! Deve ter até anjinhos cantando aí!".

Eu sorria com a brincadeira, ao mesmo tempo que a fidelidade do meu Deus se fazia notória na minha vida.

Quanto à prova que fiz para analista de sistemas, onde meu professor trabalhava, não passei.

Graças a Deus pela minha reprovação, pois me fascinei com a possibilidade de pular etapas e chegar logo no topo, mas Ele impediu minha "queda"...

Eu tinha tido um sonho estranho que só fui entender bem mais a frente: **O sonho da escada!**

No sonho, contemplei uma escada e pessoas que subiam por ela, inclusive eu, mas, de repente, avistei degrau quebrado, anterior ao que já tinha subido. Ela não estava firme, tive que pular degrau, mas de maneira a retroceder e não a avançar, desci ao chão que era o local seguro.

Deparei-me com pessoas arrebentadas que tinham caído da escada, estavam estiradas ao chão como bonecos e eu tentava consertá-las, colocando de volta seus braços e pernas, ao mesmo tempo frustrada, lamentava: "Puxa! Eu estava quase no topo!".

"Os bens que facilmente se ganham, esses diminuem, mas o que ajunta à força do trabalho terá aumento."

(Provérbios 13.11)

Um tempo depois, quem encontro na empresa, como terceirizado, prestando serviços aonde eu tinha sido efetivada? Meu professor!

Teve uma confusão na empresa que ele estava e tinha me convidado para fazer a prova, a ponto dele sair de lá. Com este fato, compreendi melhor o sonho... Se eu tivesse ido trabalhar com ele, poderia ter me arrebentado nesta, mas Deus me livrou, me fazendo começar do começo.

Na visão do novo templo, pelo profeta bíblico Ezequiel, o versículo abaixo me chamou a atenção:

"O comprimento do vestíbulo era de vinte côvados, e a largura, de onze; e era por degraus que se subia. Havia colunas junto aos pilares, uma de um lado e outra do outro."
(Ezequiel 40.49)

"Era por degraus que se subia", para chegar ao topo, se coloca um pé de cada vez. "Havia colunas junto aos pilares", não se constrói de qualquer jeito, que dirá nossas vidas, é preciso base firme, sólida, segura.

> *"Todo aquele, pois, que ouve estas minhas palavras e as pratica será comparado a um homem prudente que edificou a sua casa sobre a rocha;"*
> (Mateus 7.24)

Pouco tempo depois, em 2008, no meu novo setor, eu já me destacava como uma funcionária multitarefa e multiplataforma, atuava com as Linguagens de Programação Cobol e Visual Basic e tinha aprendido Filenet.

Para minha surpresa e de muitos, apesar do meu cargo tão baixo, no primeiro degrau da carreira de TI (Tecnologia da Informação), foi anunciado meu nome no auditório e ganhei um troféu de Destaque da Vice-Presidência.

Convidada a falar, na frente de todos, agradeci a Deus e a minha equipe, afinal ninguém conquista nada sozinho, aprendi muito, com muita gente. Eu estava encontrando favor de Deus e dos homens.

> *"Não te desamparem a benignidade e a fidelidade; ata-as ao pescoço; escreve-as na tábua do teu coração e acharás graça e boa compreensão diante de Deus e dos homens.*

Confia no Senhor de todo o teu coração e não te estribes no teu próprio entendimento."
(Provérbios 3.3-5)

Fui premiada também com um almoço com o Diretor e reembolso para jantar com quem quisesse.

Jantei com o maridão e meus pais, afinal temos que dar honra a quem merece honra. Eles foram e são fundamentais na minha carreira profissional e na minha vida como um todo.

"Pagai a todos o que lhes é devido: a quem tributo, tributo; a quem imposto, imposto; a quem respeito, respeito; a quem honra, honra."
(Romanos 13.7)

Um colega do meu antigo setor, que se dizia ateu, embora sempre duvidei que de fato o fosse, ao saber da honra que eu tinha recebido, brincou comigo: "Aposto que você agradeceu a Deus!".

Respondi sorrindo: "É claro!".

O ano de 2008, foi também o ano em que me casei com o homem escolhido por Deus para mim.

Isso mesmo! Quando eu ia fazer 17 anos, pedi a Deus, de aniversário, que me desse um namorado que fosse de sua vontade e Ele me deu o Maurício, o melhor marido, melhor pai e pastor (ele tinha promessa de Deus, desde criança, isso só fui descobrir depois de casada).

Fomos morar numa casa bem pequenina que era da tia-avó do meu esposo, depois de reformarmos, ficou uma gracinha e passamos a pagar um valor simbólico de aluguel.

Passamos um período lá, mas aquele sonho tradicional da casa própria que persegue a humanidade a algumas gerações, inundou meu coração e eu também quis juntar dinheiro para comprar uma.

Antes de conseguir juntar recursos, comecei a pesquisar em sites. Não resistimos e fomos visitar imóveis de nosso interesse.

Quando pensei termos acabado com uma dívida e que então começaríamos a juntar dinheiro para tal fim, nos sobreveio um imprevisto familiar e tivemos que desembolsar mais uma grana.

Fiquei frustrada ao pensar: "Puxa, parece que tudo está contra meu sonho!".

Ligamos para o corretor de um apartamento que tínhamos visitado e gostado e ele disse que já tinha sido vendido. Mesmo triste, eu disse para o meu marido que se foi vendido, então não era para ser nosso.

Continuamos a visitar outros imóveis e nos deparamos com uma cobertura linda, com direito a churrasqueira de tijolinho.

O prédio era antigo e estreito, quem olhava por fora, não conseguia dimensionar o tamanho daquele apartamento, mas quem entrava exclamava surpreso que ele era grande!

Meu marido e eu ficamos deslumbrados e ansiosos querendo comprá-lo, chegamos a ir em uma Caixa Econômica falar sobre financiamento, ao saber da seguradora onde eu trabalhava, a gerente exclamou: "Comigo, você só vai arranjar concorrência!".

O sonho de comprar aquela cobertura não saía de nossa cabeça, mas parecia que a porta estava fechada e nosso bolso vazio e além do mais, uma coisa me preocupava...

Ao imaginar alguém me perguntando: "Tem certeza que Deus está neste negócio?". Eu responderia: "Não sei!". Isto me deixava aflita, pois era uma dívida alta para assumirmos, sem a certeza da aprovação do Pai.

A luta dentro de mim era grande: Ansiedade contra a fé! A primeira, impulsionada pela emoção, queria comprar logo e a segunda, queria me fazer esperar confiantemente a resposta de Deus.

Em certo culto, o pastor pregou em Cantares 2.15, acerca de "apanhar as raposinhas que devastam o vinhedo".

Ele citou metaforicamente, como exemplo delas, a ansiedade, a desatenção e esqueci a outra e ao final ministrou: "Tem gente aqui que quer tanto uma coisa, que fez o objetivo da vida dela...".

Respondi, em pensamento: "A casa!".

Ele continuou: "Mas, agora essa pessoa...".

Minha cabeça não parava, pensei antes dele concluir: "Bem, se essa pessoa a qual o pastor se refere, está sofrendo as consequências por ter tomado atitude errada, não sou eu, pois ainda estou no processo, não compramos o imóvel ainda.".

Porém, o pastor completou: "....essa pessoa, quer voltar e passar o controle para Deus.".

Não tive dúvida, me encaixava nisto, era o que precisávamos fazer: passar o controle para Deus, esperar Ele responder!

Ao voltar para nossa pequena casa alugada, ainda no estacionamento, falei para o meu marido que devíamos esperar a resposta de Deus.

Meu esposo se chateou e retrucou: "Você é criança, ora quer, ora não quer. Depois vão vender este imóvel também e você vai dizer que não era para ser nosso!".

As palavras dele foram um pouco duras, mas eu já tinha experiência, sabia que Deus iria me responder, afinal meu próprio marido, era resposta de oração, presente de aniversário do meu Pai. Tomei posse da Palavra profética, que recebi adolescente da colega de escola: "O que é teu, ninguém vai tomar!".

O que Deus me deu, ninguém toma! O marido que Deus me deu, ninguém vai tomar. E a afirmação se aplica também a casa e ao que mais Deus quiser me dar, ninguém toma presente do meu Pai para mim.

Ao entrar no banho, sozinha no chuveiro, chorei em secreto e falei com Aquele que me conhece por inteiro: "Pai, eu sei que não passo de uma criança mimada, mas sou sua filha, me responde, por favor!".

Já notei que quando choro com sinceridade, o Paizão responde e me socorre bem depressa. Passou apenas uma semana e a resposta veio não como eu esperava, mas surpreendente, como Ele gosta de dar.

Fomos ao culto no domingo posterior, entrei atrasada, já na pregação, pois tinha saído com os irmãos do evangelismo para visitar uma jovem que estava com problemas com drogas.

Ao chegar, fiquei esperando se a resposta viria na ministração da Palavra, mas não recebi nada de tão específico. Sendo que, enquanto eu estava na visita, Deus já tinha usado uma irmã profeta (quem tem dom de entregar mensagem de Deus) para falar com meu marido, mas este, nada me contou.

Naquela mesma noite, recebi a resposta de Deus em sonho. Sonhei com um pedaço de papel, como se fosse parte de um classificado de jornal e uma palavra em negrito se destacava aos meus olhos: **AUMENTABILIDADE**.

Senti alegria do Espírito Santo inundar meu coração, acordei, me sentei na cama com a certeza que aquela era a resposta! Aumentabilidade, aumentabilidade, aumentabilidade, eu repetia, para que não esquecesse ao amanhecer.

Pela manhã, fui logo perguntar ao meu marido se ele tinha sonhado alguma coisa. Queria um link, uma confirmação para o sonho, pois pensava: "Deus fala, Deus confirma!".

Meu esposo disse que não sonhou nada não e eu falei que sonhei com a resposta, mas que não queria falar, para não lançar a palavra ao vento. É que o que está na nossa cabeça, só Deus sabe, já palavras, podem ser ouvidas e eu não queria deixar brechas para que a "oposição", o adversário de nossas almas, tentasse me enganar.

Meu marido pediu e justificou: "Conta-me o sonho, pois ontem aconteceu uma coisa na igreja. Uma irmã, falou da parte de Deus que eu estava pedindo uma coisa grande, para que ficasse ligado, pois Ele responderia e parece que ainda frisou que seria essa noite".

Todavia, foi para mim, que nem sabia do ocorrido, que Deus respondeu em sonho. O mistério de Gênesis 2.24, me fez entender o porquê disto: *"Por isso, deixa o homem pai e mãe e se une à sua mulher, tornando-se **os dois uma só carne**".*

Entendi, com a ajuda de um dicionário, que a palavra "aumentabilidade", significava aumentar em extensão, aumento de salário... Entendi que a reposta era positiva para compra do imóvel, porém ela não veio como "sim", "não" ou "espera", mas como "AUMENTABILIDADE". Deus, sempre contrariando à nossa lógica!

Depois de compartilhar o sonho com meu marido, o fiz também com uma amiga cristã que trabalhava comigo e sabia do nosso desejo pela compra do apartamento e acompanhou minha ansiedade.

Ela conjecturou: "Aumentabilidade – Habilidade de Deus em aumentar".

Voltou para sua mesa e em seguida me enviou o versículo bíblico que desvendou claramente o meu sonho, colocando a palavra "aumenta" em destaque, para seus sinônimos:

"Alarga [aumenta] *o espaço da tua tenda; estenda-se* [aumenta] *o toldo da tua habitação, e não o impeças; alonga* [aumenta] *as tuas cordas e firma bem as tuas estacas."*

(Isaías 54.2)

De fato, o dicionário até ajudou, mas a Bíblia revelou!

Incrivelmente, por "divina coincidência", o nome do ex-proprietário do apartamento era Isaías, justo o nome do livro do profeta bíblico, cujo versículo revelou meu sonho.

Na churrasqueira linda de tijolinho da cobertura, estava escrito: Isaías!

Comentei: "Só vou completar com o capítulo e versículo".

Senti que Deus fez uma espécie de mapa do tesouro, para que fôssemos desvendando as pistas. Ele age com bom humor na minha vida, tem hora que não sei se rio ou se choro ou se faço tudo ao mesmo tempo!

Quando fomos em outra Caixa Econômica fazer a avaliação, para minha surpresa, no mesmo dia, o gerente falou que estava aprovado nosso financiamento em 100% do valor. Não precisamos dar nada de entrada, compramos sem dinheiro, no ano de 2010.

Se você me perguntasse hoje se é bom financiar um imóvel, provavelmente eu iria te falar que depende do caso.

Considerando apenas a Matemática, normalmente é preferível ganhar juros e não pagar, juntar dinheiro e só comprar um imóvel para morar mesmo, quando tiver certeza, com possibilidade bem remota de se mudar, só entrar em financiamento em último caso, pois é uma dívida que provavelmente levará boa parte de seu dinheiro por muitos anos. Porém, no meu caso, orei e Deus respondeu. Quando Ele responde, não há dúvida, tomamos a decisão certa, garantida pelo dono do ouro e da prata.

Logo depois de nosso financiamento, o mercado imobiliário sofreu uma forte valorização e hoje nossa casa vale umas três vezes mais, o preço que ela tinha na época.

Voltando ao cenário de minha vida profissional, o tempo passou e eu ainda era Programadora de Sistemas Jr.

Parece que às coisas demoravam acontecer para

mim profissionalmente, nunca fui do tipo de ficar em pé de chefe pedindo promoção, mas também não gosto de perder oportunidades que às vezes são únicas.

Estava perto do pagamento da PL (Participação nos lucros), época que os gestores chamavam para falar sobre o desempenho individual e quanto cada um receberia.

Meu coordenador estava de férias, por conta disto, tive a oportunidade de falar direto com o gerente, este me apresentou o valor que eu receberia de PL, esperando que eu ficasse satisfeita.

Falei com ele que eu esperava mais, porém, isto não importava muito, o que importava mesmo é que eu já estava há muito tempo na empresa e ainda estava no cargo de Programadora de Sistemas Jr. (Júnior).

Foi engraçado, quando ele se solidarizou comigo e revoltado exclamou: "Eu também não sou Gerente Jr. (Júnior)!".

Quando meu coordenador voltou, soube por ele, que o gerente expressou ter ficado com medo de que eu ficasse desmotivada.

Graças a Deus, pouco tempo depois, eu e os demais funcionários, que eram Programadores Júnior, fomos promovidos a Programadores Pleno; era mais um degrau na minha carreira profissional.

O trajeto em minha vida profissional foi por vezes árduo, cercado de desafios, mudanças, renúncias a mim mesma. Lembro-me de recém-casada, ter que sair da empresa por volta de meia-noite.

Por um bom tempo fiz parte do plantão. Ficava de sobreaviso, podiam ligar qualquer hora para resolver problema em programa de produção.

Acordavam-me de madrugada, cheguei ao ponto de uma vez, zonza de sono, atender ao telefone chamando um funcionário de pai, ele sorriu e disse que pela idade até poderia ser.

O ritmo do trabalho, às vezes era tão intenso, que eu saía do trabalho, mas o trabalho não saía de mim.

Já tentei entrar no prédio de minha residência com o crachá da empresa, já atendi o telefone da minha casa como se estivesse na Cia. Isto foi hilário, pois quem ligou foi uma prima que também trabalhava lá, daí ela ficou por uns segundos perdida sem saber se a loucura era dela ou minha.

Lembro-me de um dia, que tinha marcado para comemorar com meus pais, o aniversário deles. Eles viriam à minha casa e eu estava fazendo um bolo, era sábado, dia de descanso. No dia anterior, eu tinha ficado até tarde na empresa, fazendo implantação de programas.

Por falta de comunicação entre os gerentes de projetos, fui avisada através de um telefonema, que deveria ir à empresa, em pleno sábado, desfazer tudo que fiquei fazendo até tarde na 6ª feira, mandaram táxi me buscar.

Não tive escolha, eu era serva, ou escrava, não sei. Minha vontade foi atirar o celular na parede, mas consegui dominar o impulso, talvez seja, por estas coisas, que até hoje não gosto muito de telefone.

Falei para meu marido esperar 30 minutos e desligar o forno, fui na empresa, me deram "boa tarde".

Respondi na deselegância, mas com uma pitada de humor que me restou: "O que tem de bom?".

Virei robô, acabei tudo rapidinho, dei a volta por cima, fui a última a chegar e a primeira a sair.

Colegas ainda brincaram: "Fica mais um pouquinho".

Falei com minha sinceridade já conhecida: "Olha só, eu gosto de vocês, mas gosto mais da minha família!".

Fui embora, cheguei a tempo, o bolo ficou bom e não perdi a comemoração com meus pais.

A missão impossível tornou-se possível com a misericórdia de Deus e eu ainda teria muitas pela frente.

Certa feita, ao sentir que meu tempo estava se esvaindo no trabalho, subi o assunto. Não fui ao presidente da Cia, fui ao nível mais alto de todos, ao "Supremo Altíssimo Comando Maior", como diria Aline Barros, em um de seus vídeos para crianças.

Falei direto com Deus: "Senhor, não deixa que o trabalho roube o tempo da minha família!".

Louvado seja Deus! Logo depois veio a notícia: "Pessoal, agora para fazer hora extra, só com autorização da alta direção!".

Há determinados momentos que também precisamos nos colocar, fazer escolhas e encarar as consequências delas, confrontar nossas prioridades.

Uma vez, me ligaram da creche, avisando que minha filha estava com dor de ouvido, bem no dia que eu tinha implantação de sistema para executar.

Um amigo do setor, se solidarizou: "Se eu soubesse, faria a tarefa por você".

Porém, naquele momento, eu não tinha backup para aquele serviço, não tinha quem soubesse executar a missão por mim e tive que rapidamente tomar uma decisão.

Falei para os colegas: "Vou socorrer minha filha, depois eu volto para a implantação, não sei que horas, mas eu volto".

Levei minha filha na emergência, depois meu marido chegou e foi com ela para casa.

Voltei com o coração apertado, diante dela querer ficar comigo, mas cumpri minha palavra e responsabilidade para com o trabalho também, entretanto priorizei o bem-estar da minha menina. Família antes do trabalho!

Um outro dia, ou melhor, uma outra noite ou madrugada, precisei me colocar. Chamaram-me às altas horas, para ir à empresa resolver um problema que eu nem estava envolvida anteriormente e sobrou para mim.

Olhei pela janela, a rua já estava deserta e meu esposo tinha acabado de voltar de viagem a trabalho, além do mais, ele tinha prova cedo, no dia seguinte. Ele também não gostou e disse para que eu não fosse.

Às vezes, é necessário nos colocarmos e aprendermos a dizer "não".

Falei, decisivamente, ao meu coordenador que não iria me deslocar de minha residência naquele instante, que somente no dia seguinte, na parte da tarde, poderia resolver.

Ele, pressionado por sua superior tentou me intimidar, perguntando se eu estava ciente das consequências, respondi que sim.

No dia seguinte, fui sem estresse, resolvi o que tinha de resolver e o chefe até me agradeceu, simples assim.

Meu marido até tinha tentado se desculpar comigo, falando que se ele não tivesse prova, tudo bem e tal...

Falei para ele: "Não precisa se desculpar, só queria um apoio para dizer: Não!".

Como me fez bem dizer: Não! Agora não posso!

Aprenda também a dizer não, para tudo aquilo que faz mal para você e sua família.

Repita comigo: Não!

Se sente melhor? Ufa, que alívio!

Como você já deve ter percebido, nem tudo eram flores para mim, mas a presença de Deus permanecia comigo.

Lembro uma vez que cheguei triste em casa e minha filha bem pequena ainda, aproximadamente três anos de idade, mas que já percebia meus sentimentos, me perguntou se eu estava triste e se era por conta do trabalho.

Ela prontamente me recordou: "Deus está contigo!".

Meu Senhor, usou a boca de nossa menina, tão criança, para me lembrar deste fato que faz toda diferença, recebi do alto o bom ânimo que precisava para continuar.

"Estas coisas vos tenho dito para que tenhais paz em mim. No mundo, passais por aflições; mas tende bom ânimo; eu venci o mundo."

(João 16.33)

Em outra ocasião, também fiquei triste ao achar que tentaram me "esconder" no trabalho.

Uma colega, analista de sistemas, respondeu ao superintendente que um determinado problema havia sido resolvido. A questão, é que ela não citou que quem tinha atuado na resolução foi meu chefe e eu, que ainda era programadora; sequer me colocou na cópia do e-mail.

No dia seguinte, na ida para o trabalho, cabisbaixa falei com Deus: "Senhor, não deixa ninguém me esconder, brilha em mim!".

No mesmo dia, o superintendente foi pessoalmente no setor procurando o chefe desta colega, a fim de saber como se deu a resolução do problema.

O coordenador dela, começou a gaguejar, afinal de contas, quem sabia do caso, era eu e meu chefe. Ele passou a palavra para mim, que expliquei tudo direitinho. Depois disto, soube por um colega, que o superintendente até me elogiou em uma reunião.

Assim como não conseguiram esconder Davi, pois era ele o escolhido, mesmo sendo o menor da casa, Deus também nos manda chamar, para brilhar em nós, glorificar o nome Dele nas nossas vidas.

"Perguntou Samuel a Jessé: Acabaram-se os teus filhos? Ele respondeu: Ainda falta o mais moço, que está apascentando as ovelhas. Disse, pois, Samuel a Jessé: Manda chamá-lo, pois não nos assentaremos à mesa sem que ele venha."
(1 Samuel 16.11)

Bem, a essa altura, se eu fosse Davi, a respeito de minha trajetória profissional, diria: "Já venci com meu Deus um urso e um leão, o que falta vir? Golias?!"

Eu tinha promessa de Deus. Um profeta que eu não conhecia, convidado para pregar na igreja que eu era membro, me disse para levantar a mão e pegar o papel pela fé. Fiz como me ordenou, ele disse que estava escrito: Vitória profissional!

Depois dessa revelação, nunca passei tão perto, aparentemente, de ser demitida, nunca passei tamanha humilhação no trabalho, nunca me senti tão injustiçada.

Assim como o José da Bíblia, do livro de Gênesis, sonhou da parte de Deus que lhe seria dado honra, um nível mais alto, mas o que ele recebeu a princípio foi desprezo, conspiração. Deus lhe disse "exaltação", mas José experimentou uma humilhação atrás da outra. Deus lhe revelou autoridade, domínio, mas o que veio após isso, foi escravidão. Deus lhe mostrou governo, mas imerecidamente por uma calúnia, ele foi parar até na prisão. Sabe o tal do fundo do poço, um pouco mais embaixo? José foi até lá! E foi assim que me senti na minha vida profissional, em determinado momento.

Porém, independentemente dos cenários adversos na vida de José e na minha, Deus era com ele onde quer que ele estivesse e também permanecia comigo.

Eu chorava, mas no meu coração a promessa ardia e lá no fundo eu dizia: Eu creio ainda! Preciso esperar para ver o que Deus vai fazer!

Colocava o fone no ouvido e Deus falava comigo através de louvor, abria a Bíblia e falava pela sua Palavra, me consolando e fortalecendo para aguentar e esperar!

Quando se aprende com Deus, não se pula etapas, para chegar lá em cima, tem que começar lá de baixo, degrau por degrau, sendo fiel no pouco para o ser depois no muito, pois se você não estiver preparado e chegar de qualquer jeito no topo, pode se arrebentar, a soberba vem, puxa seu tapete ou arranca seus degraus que não são sólidos e a queda é grande.

"A soberba precede a ruína, e a altivez do espírito, a queda."

(Provérbios 16.18)

Olhando para as circunstâncias, totalmente contrárias, era impossível humanamente que o sonho de José e minha promessa fossem se realizar, mas olhando para o alto, para Deus que vela pela sua palavra para a cumprir (Jeremias 1.12) e não depende de nossa lógica, pois atua no sobrenatural, era só questão de uma ordem Dele, para que nossa sorte mudasse e vivêssemos a reviravolta divina.

Tudo é no tempo Dele, precisamos estar preparados para viver as promessas, despojados de orgulho, com um espírito perdoador e humilde de pessoas que depois das aflições adquiriram uma bagagem de paciência, experiência e esperança na escola de Deus!

"E não somente isto, mas também nos gloriamos nas próprias tribulações, sabendo que a tribulação produz perseverança;
e a perseverança, experiência; e a experiência, esperança. Ora, a esperança não confunde, porque o amor de Deus é derramado em nosso coração pelo Espírito Santo, que nos foi outorgado."
(Romanos 5.3-5)

O que me ocorreu, foi em mais uma época de avaliação anual, que envolvia dinheiro da PL(Participação nos Lucros). Um gerente novo, tinha acabado de assumir minha área e deixou no comando um coordenador que não me conhecia para avaliar.

Para piorar, tinha ocorrido um mal entendido, certo dia. Entrei num problema para ajudar, resolvi boa parte, mas acabei me indispondo com pessoas, por ter implantado a atualização sem ter mandado para testes da área de homologação. Quando não se tratava de novas demandas e sim de acertos em produção, eu costumava resolver de uma vez e além do mais, precisava ir embora.

O fato é que pessoas no comando, que não me conheciam, me desfavoreceram, me deram uma nota que eu nunca tinha tirado até então, na minha história na Cia: Nota D!

Para esclarecer: a nota A, significava sempre acima das expectativas (para mim, só Deus merece), a nota B, era eventualmente acima das expectativas, a nota C, era atribuída a metade dos funcionários, significava atender às expectativas, a nota D, era eventualmente abaixo das expectativas e a nota E, significava sempre abaixo das expectativas.

Fui chamada em uma sala para falar com o gerente novo e o meu próprio coordenador (não o que tinha dado a nota, que não conhecia o meu trabalho) para falarem sobre a minha avaliação. Entrei lá ainda na correria, pois tinha acabado de resolver um problema.

Estava otimista, pensava que seria a segunda melhor avaliada na minha área. Tal foi minha surpresa quando o gerente novo mandou que meu coordenador falasse a minha nota e ele disse que era "D". Como se não bastasse, ainda disse que na tal de "curva forçada" eu caí para "E".

Conforme eu ia me defendendo das acusações injustas, meu coordenador ficava nervoso tentando justificar a nota que nem ele mesmo acreditava, diante do novo gerente, daí acabou se excedendo e me humilhou, rebaixou até meu cargo com palavras, disse que parecia que eu tinha desaprendido a programar.

A raiva, a ira, não sei, já estava difícil discernir os sentimentos que tomaram conta de mim, mas dando vazão a algum deles, cheguei a bater na mesa e disse: "A empresa não é filantrópica, esta nota não presta, me demite então!".

Feito isto, saí imediatamente da sala, não podia chorar na frente deles. Depois de passar no banheiro, fui embora para casa, sem me importar que o expediente ainda não tinha acabado naquela sexta-feira.

Saí com vontade de "vomitar" e falando como João Batista: "Raça de víboras!".

Fiquei mal aquele fim de semana. Os que trabalhavam comigo, souberam que sofri uma tremenda injustiça, um colega até me ligou, a fim de me consolar, disse para que eu não ficasse assim, que esses "caras" saíam e a gente permanecia.

Mas a dor foi grande. Contei para o meu marido detalhadamente a humilhação que sofri, ele ao saber tudo que passei, me disse: "Foi demais, sai de lá! O que decidir, estou contigo!".

Mas eu tinha promessa, não de homens, mas do alto...

Na segunda-feira, ambos, tanto meu coordenador, quanto o gerente, vieram separadamente me procurar. Deus os incomodou, eles não ficaram bem o final de semana.

O coordenador me pediu perdão, me contou que ao falar com a esposa dele, ela me deu razão e disse que ele devia ter agido como eu, virado às costas e ido embora.

A verdade é que fomos jogados um contra o outro, por fim, ele se desculpou comigo, afinal não era o que achava de mim, mas foi pego de surpresa pelo superior, que lhe passou a nota que ele devia me aplicar. Arrependido, me disse que devia ao menos ter falado para o gerente: "Fale você, afinal essa nota não fui eu que dei!".

Realmente foi o que mais me doeu, pois meu coordenador era mais próximo, o gerente não, se fosse este a falar, doeria menos. Senti-me traída ao ouvir tudo aquilo de alguém que me conhecia e sabia que não era verdade.

Ao se desculpar comigo, me confessou que ele também foi mal avaliado, que também não ganharia nada a mais e me aconselhou a procurar uma outra oportunidade, pois "nossas cabeças estavam em jogo."

Respondi: "Quem armar a cova é quem vai cair!".

Cheguei até a receber conselho que eu deveria ser mais política, mas isso não conseguia ser, o máximo que conseguia era colocar metaforicamente um nariz de palhaço, para fingir fazer parte do show, pois afinal era como se tudo fosse um grande circo.

Perdoei e aconselhei, de forma diferente, ao meu gestor: "Não seja marionete de ninguém, seja quem Deus quer que você seja!".

O gerente novo também perdeu o sono no fim de semana e na segunda-feira veio me procurar para tentar se acertar, disse que ele não era dos que prometiam, mas que cumpriam.

Fui sincera com ele: "Deus é quem me segurou aqui, vou ficar para ver se tem esperança, senão meto o pé!".

Passei um tempo triste, com vontade de "chutar o balde", pensava ao trabalhar: "Tenho que aguentar isso, depois de tudo que passei!?".

Porém, em meu peito ainda ardia a promessa de Deus, a vontade de desistir vinha com força, mas eu precisava esperar para ver o que Deus ia fazer. Se eu recuasse, poderia abrir mão da minha "vitória profissional".

Em meio a aflição Deus estava lá, em todo tempo Ele estava lá. Ao escutar um louvor, Ele tratava comigo, abria a Bíblia, Ele falava comigo.

Lembro destes versículos que me fizeram lembrar da promessa e fortaleceram minha confiança:

"Lembra-te da promessa que fizeste ao teu servo, na qual me tens feito esperar.
O que me consola na minha angústia é isto: que a tua palavra me vivifica."
(Salmos 119. 49-50)

Cerca de um mês depois, ambos os gestores me chamaram novamente numa sala, desta vez foi para tentarem reparar o erro. Aumentaram em 10% meu salário a fim de me fazer justiça, o que foi bom financeiramente, depois de não ter recebido nada a mais na participação dos lucros. O aumento foi até mais vantajoso, pois carregaria por todo meu tempo restante dentro da empresa.

Pouco tempo depois, toda nossa área de TI foi convocada para uma reunião com o superintendente.

A carteira de riscos industriais e comerciais, transportes e grandes contas, seriam vendidas. Meu setor trabalhava com elas. Embora, na época eu atuasse nos sistemas de seguro residencial, também me senti ameaçada caso precisassem demitir pessoal.

Apesar do meu trabalho em si não estar em risco, a pior nota naquele ano era a minha. O funcionário que trabalhava diretamente com as carteiras que seriam vendidas, tinha levado a melhor nota, pois realizara um bom trabalho para a esposa do chefe que era cliente interna da nossa área e chefe também.

Mesmo achando que essa convocação deveria ser crítica e que eu poderia até ser demitida, falei com minha filha pequena ao sair correndo de casa ao lembrar da reunião: "Quer saber? Não me importa! Eu confio é em Deus!".

Sim, a reunião falou sobre a venda das carteiras, mas ao final, foi tratado uma parte de Recursos Humanos.

O superintendente apresentou uma lista, não de demissões, mas de promoções e o meu nome estava estampado lá!

No dia que eu menos esperava, recebi a promoção que tanto queria "Analista de sistemas"!

Que hilário! Na área de Informática, que decidi atuar, tudo envolve lógica, mas Deus me faz questão de mostrar que não precisa dela!

Outrora eu já tinha sido destaque da Vice-Presidência e não ganhei promoção alguma, só promessas de homens, mas quando Deus fala, Ele cumpre!

O ano que sofri a maior humilhação e injustiça no trabalho, foi também o ano do início da minha "vitória profissional"!

A humilhação, foi numa pequena sala, com dois gestores, mas a honra, com o superintendente, foi para uma sala grande e lotada ver.

Um colega chegou até falar que queria ser como eu, tirar a pior nota e ser promovido.

Outra amiga não se segurou, era espírita, mas exclamou como crente na minha frente: "Glória a Deus, depois de tudo que você passou!".

Não segurei e deixei soltar uma lágrima.

"Em lugar da vossa vergonha, tereis dupla honra"
(Isaías 61.7a)

Os sentimentos eram diferentes, a maioria dos colegas do meu setor, com alegria me parabenizavam, mas teve gente que não segurou o ciúme por não ter recebido promoção também e sequer conseguiu falar comigo.

Meu coordenador, ficou em dúvida, achando que era só o aumento de salário, pensou terem se confundido e falou que confirmaria o fato com o gerente.

Respondi sem hesitar: "Deus colocou meu nome lá e ninguém tira!".

Eu estava achando que o coordenador e o gerente tivessem tido atuação em minha promoção, mas não, haviam sido surpreendidos como eu.

Por fim, meu chefe me retornou com a confirmação que eu já havia tomado posse: "Você foi realmente promovida!".

Humanamente, a explicação era que meu salário chegou ao nível de analista de sistemas, mas a verdade sobrenatural é que meu Deus atua soberanamente em qualquer esfera.

> *"terei misericórdia de quem eu tiver misericórdia e me compadecerei de quem eu me compadecer."*
>
> (Êxodo 33.19b)

Em uma outra ocasião, já com outra liderança, também me foram proferidas duras palavras, mas passado um tempo, dei um "feedback" para meu gestor: "Olha, você é bom tecnicamente, porém, precisa lidar melhor com pessoas. Falando do jeito que falastes comigo outrora, poderias destruir alguém, mas a mim não, pois uso pedras que me jogam para subir".

Ele disse ter mudado seu parecer ao meu respeito. Eu estava decidida que isso acontecesse, pois me lembrei do ocorrido com o apóstolo Paulo que depois de ter enfrentar e saído ileso de um naufrágio, ainda foi mordido por uma víbora e por conta dos acontecimentos, foi mal interpretado por pessoas.

> *"Tendo Paulo ajuntado e atirado à fogueira um feixe de gravetos, uma víbora, fugindo do calor, prendeu-se-lhe à mão.*
>
> *Quando os bárbaros viram a víbora pendente da mão dele, disseram uns aos outros: Certamente, este homem é assassino, porque, salvo do mar, a Justiça não o deixa*

> *viver.*
> ***Porém ele, sacudindo o réptil no fogo, não sofreu mal nenhum;***
> *mas eles esperavam que ele viesse a inchar ou a cair morto de repente. Mas, depois de muito esperar, vendo que nenhum mal lhe sucedia, mudando de parecer, diziam ser ele um deus."*
> (Atos 28.3-6)

Passei por muitas, não pulei etapas, fui subindo degrau por degrau, minha base era firme, minha confiança estava crescendo, dia após dia, em Deus.

Lembro-me novamente de José, da Bíblia, filho de Jacó, cuja história é relatada no final do livro de Gênesis. Mesmo sendo ele um filho querido e mimado pelo pai, foi de escravo a governador sem pular etapas.

Antes de ter visto se cumprir a promessa do alto, o sonho se realizar, foi jogado no fundo poço, foi traído, humilhado.

Aprendeu o trabalho árduo de um escravo, obteve a experiência de administrar uma casa e até um presídio, no qual foi parar injustamente devido a uma calúnia, mas até lá Deus o fez prosperar.

Somente depois de toda essa bagagem adquirida, na qual cresceu em humildade e conhecimento de Deus, ele então foi colocado no auge, no topo, governou uma nação, abaixo apenas de Faraó, foi exaltado na presença de todos, perdoou e sustentou seus irmãos que vieram até o Egito em busca de comida; com sabedoria de Deus, salvou a terra da fome.

Eu ainda tinha e tenho muito que aprender...

De Jesus, referência suprema, a Bíblia diz:

"Tende em vós o mesmo sentimento que houve também em Cristo Jesus,
pois ele, subsistindo em forma de Deus, não julgou como usurpação o ser igual a Deus;
antes, a si mesmo se esvaziou, assumindo a forma de servo, tornando-se em semelhança de homens; e, reconhecido em figura humana, a si mesmo se humilhou, tornando-se obediente até à morte e morte de cruz.
Pelo que também Deus o exaltou sobremaneira e lhe deu o nome que está acima de todo nome,
para que ao nome de Jesus se dobre todo joelho, nos céus, na terra e debaixo da terra, e toda língua confesse que Jesus Cristo é Senhor, para glória de Deus Pai."

(Filipenses 2.5-11)

EGITO É EGITO, MESMO QUE VOCÊ ESTEJA NO PALÁCIO

2º Passo: Não se conforme em ser escravo, mesmo que de luxo.

Assim como Moisés e José que foram moldados por Deus e muito aprenderam no Egito, no fim das contas eu era grata por tudo que passei, por todas aflições e conquistas que me fizeram crescer como pessoa, também por todos benefícios e regalias que tive.

A multinacional que trabalhei era como um palácio, um sonho de emprego para muitos.

Meu salário como analista de sistemas era bom. Eu recebia vale de mercado, vale de refeição, participação nos lucros, tinha um excelente plano de saúde para mim e meus dependentes e ainda contava com auxílio para pagar creche. Eu tinha tudo que um empregado, uma pessoa de carteira assinada poderia querer, me sentia parte da elite.

Só me faltava uma coisa: Tempo! Queria viver, aproveitar com minha família, focar no que tinha mais importância e valor para mim.

Tinha me tornado uma escrava de luxo, porém estava disposta a um dia largar tudo aquilo em troca de minha alforria, ansiava por me ver livre com meu povo (família).

Eu, como a maioria das pessoas, declarava que Deus e minha família eram prioridades, entretanto, quem mais desfrutava de minha companhia, tempo e esforço, na verdade, era o trabalho.

Tinha orgulho de ter estudado, de ter chegado onde cheguei, de trabalhar na empresa que trabalhei. Não quero de forma alguma cuspir no prato que comi por um longo período. Vivi grandes experiências, muitas emoções, comi meu pão com o suor do meu rosto; por vezes trabalho pesado, que levou parte do melhor do meu tempo.

José, apesar de ter ido de escravo a governador, tendo se tornado o segundo homem em autoridade no Egito, abaixo apenas de Faraó, profetizou que um dia os filhos de Israel sairiam de lá. Pediu para que quando este tempo chegasse, levassem seus ossos dali; mesmo que já estivesse morto, não queria deixar nem seus restos mortais no Egito.

José faleceu, o tempo passou e levantou-se outro Faraó que não o conhecera e por medo do povo abençoado que crescia a cada dia, usou de tirania e resolveu escravizá-los.

Moisés foi criado no palácio, mas saiu fugido do Egito, depois de se revoltar e acabar por matar um egípcio, ao vê-lo açoitar seu irmão, escravo hebreu; porém, depois retornou, enviado por Deus para libertação de todo o povo de Israel.

"Também levou Moisés consigo os ossos de José, pois havia este feito os filhos de Israel jurarem solenemente, dizendo: Certamente, Deus vos visitará; daqui, pois, levai convosco os meus ossos."
(Êxodo 13.19)

Sabemos que o tempo de escravidão acabou, quer dizer, pelo menos a física. Nunca fui açoitada fisicamente em emprego algum, mas carregava uma corrente invisível aonde quer que fosse...

Lembro uma vez, que de home-office, me aventurei a ir com minha família ao clube que nos associamos levando o notebook, enquanto meu marido e filhos desfrutavam na piscina, eu estava presa numa reunião com direito aos gritos do professor de natação ao fundo, fiquei muito estressada.

Que adiantava estar num lugar maravilhoso, porém me sentindo acorrentada, sem poder desfrutar de verdade? Minha alma chorava e clamava por libertação!

QUANDO HEI DE TRABALHAR PELA MINHA CASA?

3º Passo: Trabalhe por você e pelos seus. Compre seu tempo de volta.

Por muito tempo, vendi meu tempo por dinheiro, todavia em determinado momento da minha vida, comecei a juntar dinheiro para comprar meu tempo de volta.

Jacó trabalhou arduamente 14 anos, enriquecendo Labão, mas um dia se deu conta e perguntou:

"Disse-lhe Jacó: Tu sabes como te venho servindo e como cuidei do teu gado.
Porque o pouco que tinhas antes da minha vinda foi aumentado grandemente; e o Senhor te abençoou por meu trabalho. Agora, pois, quando hei de eu trabalhar também por minha casa?
(Gênesis 30.29-30)

Trabalhar em minha casa e por ela, não me diminuía em nada. Assim como na empresa, meu lar também exigia que eu trabalhasse constantemente minha inteligência emocional, a fim de não perder a paciência com o retrabalho de arrumar, arrumar e ter sempre brinquedos espalhados e etc.

Também exigia que dispusesse tempo para investir em meu relacionamento interpessoal com marido e filhos; pessoas diferentes, mas unidas pelo amor e que precisavam estar de acordo para alcançarem os objetivos da família como um todo.

Além disso me fazia desenvolver a gratidão a Deus e o contentamento pela pilha de louça suja todo dia, pois se tinha louça é porque não faltava comida, comida é provisão, benção de Deus, louvado seja o seu nome!

Além de todas essas características citadas, tem uma que não gosto muito, pois me deixa bem estressada, mas tive que desenvolver na pressão, tanto nas empresas, quanto em casa, principalmente, depois do nascimento dos meus filhos, a tal da multitarefa. Um dos meus professores de faculdade preferia chamar de "pato", aquela pessoa que faz tudo: anda, nada e voa, mas não faz nada direito; anda torto, nada desengonçado e voa baixo.

Na Multinacional até ganhei troféu por isso, fui um dos destaques da Vice-Presidência por ser multitarefa, atuar em várias plataformas.

Em casa ainda não ganhei, mas creio que merecia ainda mais. Imagina como que consigo lavar louça, deixar comida no fogo, enquanto tem filho gritando do banheiro: Mãe, vem me limpar!

Na empresa, meu trabalho era recompensado com um bom salário e vários benefícios, mas em casa, embora o trabalho fosse infinito, não tinha preço, o dinheiro não podia pagar!

No meu livro "A Gestão de Projetos na Independência Financeira", relato que conversei com uns amigos cujas esposas largaram seus trabalhos para se dedicarem exclusivamente ao lar. Ninguém se arrependeu, toda família ganhou em qualidade de vida, porém passaram a conviver com um orçamento mais apertado e frustrações, uma delas chegou a chorar tendo que pedir dinheiro ao marido para comprar presente para ele.

Elas fizeram bem, mas eu queria fazer melhor, ser independente financeiramente, ter uma renda passiva que complementasse a do meu marido, de maneira que minha família pudesse manter seu padrão de vida de costume.

Estava decidida, me dispus e firmei este propósito: Vou me preparar, o dia chegará em que deixarei de trabalhar na empresa para outrem e trabalharei pela minha casa!

Vem comigo, você também pode, acredite!

Ora, se você é capaz de trabalhar para outros em troca de uma renda, por quê não gerá-la você mesmo através da abertura de um negócio que não precise do seu esforço direto, aluguel de imóvel ou assim como eu, através de bons investimentos?

A LOUCURA E A SABEDORIA

4º Passo: Nem todos podem ajuntar em celeiros. Pergunte-se: Para que propósito quero independência financeira?

"Então, vi que a sabedoria é mais proveitosa do que a estultícia, quanto a luz traz mais proveito do que as trevas."

(Eclesiastes 2.13)

Jesus contou uma parábola de um rico cujo campo teve uma excelente produção. O homem resolveu ajuntar seus recursos em celeiros e declarar sua total independência, das demais pessoas e até mesmo de Deus.

Na sua prepotência achou que não precisava de ninguém, confiou em seus bens e em sua inteligência. Em seu egoísmo e avareza não pensou no próximo, só enxergou seu próprio umbigo.

Pobre homem rico! Jesus em sua parábola o chama de "louco"!

"Então, lhes recomendou: Tende cuidado e guardai-vos de toda e qualquer avareza; porque a vida de um homem não consiste na abundância dos bens que ele possui.
E lhes proferiu ainda uma parábola, dizendo: O campo de um homem rico produziu com abundância.
E arrazoava consigo mesmo, dizendo: Que farei, pois não tenho onde recolher os meus frutos?
E disse: Farei isto: destruirei os meus celeiros, reconstruí-los-ei maiores e aí recolherei todo o meu produto e todos os meus bens.
Então, direi à minha alma: tens em depósito muitos bens para muitos anos; descansa, come, bebe e regala-te.
Mas Deus lhe disse: Louco, esta noite te pedirão a tua alma; e o que tens preparado, para quem será?
Assim é o que entesoura para si mesmo e não é rico para com Deus."
(Lucas 12.15-21)

Lance fora toda soberba, senão, invés de subir degrau por degrau, você vai descer, ou pior, despencar lá do alto!

"A soberba precede a ruína, e a altivez do espírito, a queda."

(Provérbios 16.18)

Há pessoas também, que trabalham demais e ajuntam sem objetivo, sem propósito.

Trabalham tanto e não tem tempo para gastar, são escravas do trabalho. Outras, não se permitem desfrutar, por pura avareza, escravas do dinheiro. Todas estas, correm atrás do vento, trabalham em vão.

"Então, considerei outra vaidade debaixo do sol, isto é, um homem sem ninguém, não tem filho nem irmã; contudo, não cessa de trabalhar, e seus olhos não se fartam de riquezas; e não diz: Para quem trabalho eu, se nego à minha alma os bens da vida? Também isto é vaidade e enfadonho trabalho."
(Eclesiastes 4.7-8)

Não há nada de errado em termos um planejamento para o futuro, mas devemos reconhecer nossa dependência de Deus. Plantamos no "hoje" e colheremos no "amanhã", se Deus quiser!

"Atendei, agora, vós que dizeis: Hoje ou amanhã, iremos para a cidade tal, e lá passaremos um ano, e

negociaremos, e teremos lucros.
Vós não sabeis o que sucederá amanhã. Que é a vossa vida? Sois, apenas, como neblina que aparece por instante e logo se dissipa.
Em vez disso, devíeis dizer: Se o Senhor quiser, não só viveremos, como também faremos isto ou aquilo.
Agora, entretanto, vos jactais das vossas arrogantes pretensões. Toda jactância semelhante a essa é maligna."
(Tiago 4.13-16)

Não podemos focar por demais no amanhã que pertence somente a Deus e esquecermos de viver o hoje. Provérbios 27.1 diz *"Não te glories do dia de amanhã, porque não sabes o que trará à luz."*.

José também ajuntou em celeiros até perder as contas, depois de revelar o sonho de Faraó das 7 vacas magras e feias que subiam após as 7 gordas e boas, assim como as 7 espigas mirradas depois das 7 cheias.

"O sonho de Faraó foi dúplice, porque a coisa é estabelecida por Deus, e Deus se apressa a fazê-la.
Agora, pois, escolha Faraó um homem ajuizado e sábio e o ponha sobre a terra do Egito.
Faça isso Faraó, e ponha administradores sobre a terra, e

tome a quinta parte dos frutos da terra do Egito nos sete anos de fartura.
Ajuntem os administradores toda a colheita dos bons anos que virão, recolham cereal debaixo do poder de Faraó, para mantimento nas cidades, e o guardem.
Assim, o mantimento será para abastecer a terra nos sete anos da fome que haverá no Egito; para que a terra não pereça de fome."
(Gênesis 41.32-36)

Podemos observar que tanto o homem rico da parábola de Jesus, quanto José, ajuntaram em celeiros em tempo favorável. Mas porque o primeiro é reprovado por Deus, enquanto José é tido por sábio?

"Disse Faraó aos seus oficiais: Acharíamos, porventura, homem como este, em quem há o Espírito de Deus? Depois, disse Faraó a José: Visto que Deus te fez saber tudo isto, ninguém há tão ajuizado e sábio como tu. Administrarás a minha casa, e à tua palavra obedecerá todo o meu povo; somente no trono eu serei maior do que tu."
(Gênesis 41. 38-40)

A diferença entre eles não estava na atitude e sim na intenção, no propósito.

José agiu com sabedoria dada por Deus, ajuntou no tempo de fartura e salvou sua família e a terra da fome no tempo de escassez.

Ele não pensou só em si mesmo, mas em todos ao seu redor. Não confiou em sua própria sabedoria, mas fez questão de mostrar que dependia de Deus.

"Respondeu-lhe José: Não está isso em mim; mas Deus dará resposta favorável a Faraó."
(Gênesis 41.16)

Seja ajuizado e sábio como José; como a formiga que em tempo oportuno prepara seu sustento.

"O que ajunta no verão é filho sábio, mas o que dorme na sega é filho que envergonha."
(Provérbios 10.5)

Porém, antes de seguir com seu plano de independência financeira, pergunte-se para que propósito você quer alcançá-la?

Se for para humilhar alguém, se vingar, pisar em outros, simplesmente ostentar, provocar invejas, xingar seu chefe dizendo que não precisa mais do trabalho, pensar que não precisa de ninguém, que você é esperto o bastante e tem dinheiro suficiente, se é ganância ou sentimentos destes tipos que te movem, melhor parar por aí, pois o alcance deste objetivo irá te fazer mal e não trará nenhum benefício para a sociedade.

Você não precisa tratar seu bolso e sim sua alma primeiramente! Do jeito que estás, não importa quanto dinheiro consiga, não prosperarás!

Porém se seu propósito é puro, não há intenções más em seus pensamentos, se queres é ter mais tempo para o que mais importa, para o que agrega valor não somente a você, mas também as pessoas ao seu redor, então continue a subir degrau por degrau.

"A sabedoria protege como protege o dinheiro; mas o proveito da sabedoria é que ela dá vida ao seu possuidor."
(Eclesiastes 7.12)

Ter dinheiro com sabedoria, é bom, mas sem esta, deixa de ser. Se souberes usá-lo, ele será útil para você, sua família e para pessoas ao seu redor, mas se você amá-lo, colocar nele sua confiança, fazer dele seu senhor, não espere coisas boas.

"Porque o amor do dinheiro é raiz de todos os males; e alguns, nessa cobiça, se desviaram da fé e a si mesmos se atormentaram com muitas dores."
(1 Timóteo 6.10)

Obedeça a Deus, respeite-o profundamente e aí começarás a ser sábio!

"O temor do Senhor é o princípio do saber, mas os loucos desprezam a sabedoria e o ensino."
(Provérbios 1.7)

"Então, sabe que assim é a sabedoria para a tua alma; se a achares, haverá bom futuro, e não será frustrada a tua esperança."
(Provérbios 24.14)

O PROJETO DE INDEPENDÊNCIA FINANCEIRA

5º Passo: Não basta sonhar, é preciso projetar!

"Pois qual de vós, pretendendo construir uma torre, não se assenta primeiro para calcular a despesa e verificar se tem os meios para a concluir?"
(Lucas 14.28)

Nos meus workshop's sobre o tema de independência financeira, depois de explicar o conceito e a diferença entre renda ativa e passiva, pergunto quem deseja se tornar livre; todos levantam suas mãos.

Porém, fato é que muitos desejam, mas poucos alcançam, pois sonhar não basta, é preciso transformar o sonho em projeto, em alvo a ser perseguido, em objetivo a ser alcançado.

Não é intenção explanar sobre isto aqui, pois já é o assunto base do meu livro "A Gestão de Projetos na Independência Financeira", no qual com o auxílio das 10 áreas em Gestão de Projetos, ensino detalhadamente como fazer um projeto de independência financeira; todavia, não posso deixar de falar deste passo tão importante, ainda que resumidamente.

Primeiramente, é necessário saber qual o objetivo, o que você quer e como vai fazer para chegar lá **(Escopo)**.

É preciso marcar o prazo **(Tempo)**, quando começa, quando termina, estimar também quanto vai custar **(Custos)**.

Avalie periodicamente o percurso para se assegurar que o caminho traçado está sendo seguido, controlando e monitoramento as atividades e entregas, fazendo melhorias contínuas e replanejando quando necessário **(Qualidade)**.

Minimize as ameaças e explore as oportunidades, tomando ciência das situações adversas que o projeto esteja sujeito **(Riscos)**.

Conheça bem as pessoas envolvidas no projeto **(Stakeholders)**, que podem impactar ou serem impactadas por ele. Trabalhe para que todas se vejam beneficiadas e não prejudicadas, invista no relacionamento para que, no que for possível, tenha aliados e não bloqueadores.

Distribua as responsabilidades de cada um dentro das tarefas do projeto **(Recursos Humanos)**. Quem vai controlar as despesas e receitas? Quem será o responsável pela diversificação da carteira de investimentos?

Avalie o que precisarás adquirir ou comprar **(Aquisições)**. Precisas abrir conta numa corretora para ampliar seu leque de opções em investimentos? Precisas adquirir o livro de Débora Aieta, "A Gestão de Projetos na Independência Financeira?" para te ajudar na elaboração do projeto?

Não se esqueça de comunicar muito bem aos envolvidos, o que for preciso, para o sucesso do projeto **(Comunicações)**. Essa área é bem problemática, mas essencial; quando ela é por demais deficiente, qualquer projeto tende ao fracasso, bem como qualquer área de nossas vidas.

As pessoas que participam do projeto de independência financeira contigo, (cônjuge, por exemplo, se fores casado) precisam ter ciência do escopo, ações, atividades e andamento, para que possam cooperar positivamente.

"Onde não há conselho fracassam os projetos, mas com os muitos conselheiros há bom êxito."
(Provérbios 15.22)

Ainda que o objetivo da independência financeira, seja apenas para você, outras pessoas poderão ser motivadas a ajudar, vendo-se beneficiadas também, como foi no meu caso.

Era interesse de meu marido que eu tivesse mais tempo para ele e nosso lar, era desejo de nossos filhos não ficarem o dia todo na escola, saírem definitivamente do horário integral.

Por fim, precisamos cuidar para que todas áreas andem juntas, a fim de que os objetivos parciais e o final sejam alcançados **(Integração)**; pois quando uma delas sofre alterações, provavelmente outras serão impactadas. Por exemplo, precisei diminuir os investimentos mensais (custos), qual o impacto disso no escopo e no tempo?

"Andarão dois juntos, se não houver entre eles acordo?"

(Amós 3.3)

Os 5 grupos de processos em gerenciamento de projetos também nos ensina que é necessário: Iniciar, Planejar, Monitorar e Controlar, Executar e Concluir.

Então, não fique aí apenas sonhando, comece a planejar, executar e acompanhar para alcançar seus objetivos. Pare de ficar adiando, esperando o tempo favorável, sobrar algum dinheiro; se não se esforçar, não vai sobrar, se não fizer a tua parte, não vai acontecer!

"Quem somente observa o vento nunca semeará, e o que olha para as nuvens nunca segará."
(Eclesiastes 11.4)

Entretanto, apesar de todo planejamento com excelência que você venha a fazer, saiba desde já que é praticamente impossível seguir com um projeto do início ao fim, sem que ocorra nenhuma mudança.

Qual será seu comportamento diante delas? Desistirás? De forma alguma! Recalcule, replaneje, mas não retroceda, avance rumo ao alvo e se Deus quiser, quem sabe, até antes do prazo previsto, você chegue lá!

"O coração do homem pode fazer planos, mas a resposta certa dos lábios vem do Senhor."
(Provérbios 16.1)

"Confia ao Senhor as tuas obras, e os teus desígnios serão estabelecidos."
(Provérbios 16.3)

Débora Oliveira Aieta de Melo

PRECISO SER MILIONÁRIO?

6º Passo: Avalie seu padrão de vida!

Muitos acreditam que para ser independente financeiramente só se tornando milionários, mas não é verdade, tudo vai depender do seu padrão de vida.

Se você ama as riquezas, adora dinheiro, é avarento, realmente este projeto te custará muito caro e provavelmente você nunca alcançará sua meta, pois nunca estarás satisfeito, não importa quanto consigas acumular.

"Quem ama o dinheiro jamais dele se farta; e quem ama a abundância nunca se farta da renda; também isto é vaidade."
(Eclesiastes 5.10)

Já eu, procuro me ocupar com coisas maiores, coisas do alto, seguindo os conselhos bíblicos abaixo:

"Não te fatigues para seres rico; não apliques nisso a tua inteligência.

Porventura, fitarás os olhos naquilo que não é nada?
Pois, certamente, a riqueza fará para si asas, como a
águia que voa pelos céus."
(Provérbios 23.4-5)

"*Porque o amor do dinheiro é raiz de todos os males; e*
alguns, nessa cobiça, se desviaram da fé e a si mesmos se
atormentaram com muitas dores.
Tu, porém, ó homem de Deus, foge destas coisas; antes,
segue a justiça, a piedade, a fé, o amor, a constância, a
mansidão.
Combate o bom combate da fé. Toma posse da vida eterna,
para a qual também foste chamado e de que fizeste a boa
confissão perante muitas testemunhas."
(1 Timóteo 6.10-12)

No outro extremo, também perigoso, estão os desperdiçadores de recursos. Caso sejas uma pessoa que gosta de ostentar, dada a excessos, exibida, exagerada em seus prazeres, não alcançarás a liberdade financeira, a menos que se liberte primeiramente do vício do consumismo exacerbado.

"Quem ama os prazeres empobrecerá, quem ama o vinho e o azeite jamais enriquecerá."
(Provérbios 21.17)

Seja uma pessoa equilibrada, sóbria, há muitas coisas boas que podemos desfrutar, mas com moderação, para que realmente nos sejam úteis e não prejudiciais.

"Tesouro desejável e azeite há na casa do sábio, mas o homem insensato os desperdiça."
(Provérbios 21.20)

Vou te dar um conselho, caso não queiras passar sua vida inteira trabalhando, sonhando com a independência financeira.

Quanto mais simples você for, menos dinheiro precisarás acumular para gerar uma renda passiva capaz de custear todas suas despesas.

"Melhor é o pouco, havendo o temor do Senhor, do que grande tesouro onde há inquietação."
(Provérbios 15.16)

Ser feliz com simplicidade, ser grato em todo tempo, contente com as pequenas coisas do dia a dia, respeitar profundamente a Deus e querer o bem do próximo, isso sim é prosperidade.

Prosperidade não é ser rico e sim não ter falta de nada, não precisamos de muito para sermos felizes.

"Uns se dizem ricos sem terem nada; outros se dizem pobres, sendo mui ricos."
(Provérbios 13.7)

QUAL É O MELHOR INVESTIMENTO?

7º Passo: Diversifique, mas priorize o melhor!

Qual é o melhor investimento? Muitos se perguntam...

A resposta dos especialistas em investimentos é quase unânime: Não há resposta, não há melhor investimento. Tudo depende do seu perfil de investidor e objetivos de poupança.

Concordo no geral com eles, mas vou me atrever a responder no caso de seu objetivo ser a independência financeira.

Sim, me atrevo a responder, pois eu mesma me fiz esta pergunta a um tempo e pesquisei bastante.

Claro que a velha regra, continua valendo: Não coloque todos ovos na mesma cesta! Se uma delas quebrar com alguns deles, você ainda tem outras com mais.

"Semeia pela manhã a tua semente e à tarde não repouses a mão, porque não sabes qual prosperará; se esta, se aquela ou se ambas igualmente serão boas."

(Eclesiastes 11.6)

Diversificar é importante e necessário, ter várias fontes de renda. A mulher virtuosa de Provérbios 31, examinava propriedade e adquiria, plantava vinha com as rendas de seu trabalho e ainda fazia roupas para vender.

"Ela percebe que o seu ganho é bom; a sua lâmpada não se apaga de noite."
(Provérbios 31.18)

Sou a favor da diversificação, mas acredito que priorizar o melhor investimento para seu objetivo em questão também é bom. Diversificação com priorização do melhor para meu objetivo, é o que faço.

Na minha pesquisa de melhor investimento para liberdade financeira, cheguei a conclusão que queria um que me gerasse renda mensal; a maioria das pessoas controlam suas receitas e despesas mensalmente.

A Poupança seria uma opção, se não rendesse tão pouco. Se eu fosse conservadora ao extremo, ainda assim, preferiria deixar boa parte do meu dinheiro rendendo diariamente a pelo menos 100% do CDI, que é o que ocorre, quando deixamos o dinheiro no Nubank, por exemplo.

Pensei no Tesouro Direto Semestral, mas é semestral e não mensal...

Há os que gostam de dividendos pagos periodicamente através de ações de empresas, mas são poucas que pagam mensalmente.

Depois de procurar, estudar e executar, finalmente encontrei o que buscava para me responder no caso da tão sonhada independência financeira e poder compartilhar com você: Fundos Imobiliários (FIIs)!

"O reino dos céus é também semelhante a um que negocia e procura boas pérolas;
e, tendo achado uma pérola de grande valor, vende tudo o que possui e a compra."
(Mateus 13.45-46)

Fundos imobiliários, em minha opinião, depois de pesquisar bastante e passar do nível de aventureira para uma investidora de fato, é a melhor opção para quem deseja investir para alcançar a independência financeira.

Em primeiro lugar, como já falei, porque boa parte deles pagam seus dividendos (aluguéis) de forma mensal, e é desta forma, mensalmente, que eu e a maioria das pessoas costumam controlar suas despesas e receitas.

Em segundo lugar, apesar de ser classificado como Renda Variável, não é um investimento tão arriscado quanto ações de empresas; no geral, não costumam oscilar tão bruscamente como boa parte delas em seu valor de mercado diariamente. Claro que você deve analisar cada FII especificamente, assim como determinada empresa que queira investir, não tome como regra o que exponho aqui.

Em terceiro lugar, mas não menos importante, os rendimentos, aluguéis recebidos, são isentos de imposto de renda, espero que permaneça sempre assim.

Em quarto lugar, se você procurar, pesquisar, estiver sempre se atualizando acerca dos fundos imobiliários disponíveis, poderá encontrar boas pérolas entre eles. Fundos com alta liquidez, alto número de cotistas e com rendimentos muito superiores a caderneta de poupança e até a muitos outros investimentos, estão disponíveis no mercado. Atualmente, tenho alguns em minha carteira, pagando proventos de mais de 1% ao mês.

Em quinto lugar, é um investimento bem acessível a todas as classes sociais. Com menos de R$10,00, hoje, você consegue se tornar cotista de um bom fundo imobiliário, como por exemplo, o MXRF11, que é também o líder no número de cotistas.

Na presente data que escrevo esta parte do livro, precisamente dia 22/11/2021, uma cota do MXRF11, está custando aproximadamente no mercado R$9,97, estando até descontado, referente ao seu valor patrimonial de R$10,02. Seu último rendimento em outubro/2021 foi de R$0,09 por cota, ou seja, 0,9% no mês, sendo o acumulado anual de 9,13%, isento de imposto de renda, vale lembrar. Mais de 563 mil negociações, sua liquidez diária.

Se quiser, para já ir se familiarizando, consulte como ele está na data de sua leitura do meu livro, na mesma fonte que extraí a informação e que é uma excelente ferramenta de acompanhamento de fundos imobiliários.

Fonte: https://www.fundsexplorer.com.br/funds/mxrf11

No meu Canal no Youtube "Fé, Foco e Finanças com Débora Aieta", postei um vídeo "Desafio: Gerar Renda de R$1.000, com menos de R$100 mil em 7 FII's", em julho de 2021, considerando os valores da época, rendimentos de junho/2021. É uma boa simulação; inspiradora para quem quer formar carteira para geração de renda passiva mensal.

FII	Qtd Cotas	Valor (Merc.)	Valor (Patrim.)	Tot. Invest. (Merc)	Tot. Invest. (Patrim.)	Último Rend.	Tot. Aluguel
MXRF11	1000	R$ 10,30	R$ 10,00	R$ 10.300,00	R$ 10.000,00	R$ 0,07	R$ 70,00
BCRI11	100	R$ 115,00	R$ 105,50	R$ 11.500,00	R$ 10.550,00	R$ 1,31	R$ 131,00
IRDM11	100	R$ 117,30	R$ 97,30	R$ 11.730,00	R$ 9.730,00	R$ 0,97	R$ 97,00
HABT11	100	R$ 127,30	R$ 99,10	R$ 12.730,00	R$ 9.910,00	R$ 2,00	R$ 200,00
HCTR11	100	R$ 136,40	R$ 116,60	R$ 13.640,00	R$ 11.660,00	R$ 1,70	R$ 170,00
URPR11	100	R$ 123,40	R$ 99,00	R$ 12.340,00	R$ 9.900,00	R$ 2,40	R$ 240,00
DEVA11	100	R$ 104,40	R$ 100,00	R$ 10.440,00	R$ 10.000,00	R$ 1,11	R$ 111,00
				R$ 82.680,00	R$ 71.750,00		R$ 1.019,00

No desafio, considerei a compra de cotas de 7 fundos imobiliários, gerando renda mensal de aproximadamente R$1.019,00. O valor total gasto para compra seria de R$82.680,00 (considerando o valor de mercado aproximado do dia da simulação) ou de R$71.758,00, caso o investidor conseguisse comprar os fundos pelo valor patrimonial de cada um deles.

Acompanhe o crescimento de sua carteira de investimentos e da renda passiva gerada e vá fazendo comemorações parciais, à medida que cada despesa de seu padrão de vida, consiga ser paga através dela.

Uma alternativa, no caso de fundos imobiliários não se enquadrar no seu perfil de investidor, ou caso prefiras não ter o trabalho de administrar sua própria carteira de investimentos geradora de sua renda, é contratar um plano de previdência privada.

A opção também é boa ainda que seja só para diversificar ainda mais sua carteira ou por outros motivos benéficos. Por exemplo, no caso da morte do titular antes do resgate, o dinheiro investido no plano de previdência privada passa para os beneficiários indicados, sem precisar passar pelo processo de inventário, como ocorre nos demais investimentos.

O CONHECIMENTO FAZ A DIFERENÇA

8º Passo: Conheça e persista em conhecer!

Para ser independente financeiramente é preciso esforço e conhecimento, caso você não tenha nascido em berço de ouro, como eu e a maioria das pessoas; a propósito, meu berço era de madeira e foi comprado em Madureira, segundo minha mãe me contou. Vivi 21 anos em comunidade com meus pais, mas não tenho do que reclamar, em todo tempo, nada me faltou.

É preciso se esforçar para ser diferente da maioria das pessoas que gasta todo dinheiro que recebe, afinal elas suaram para isso e como recompensa para o pouco tempo que resta, se sentem bem em gastar tudo ou até mais do que ganham e já chegam no mês seguinte devendo.

Caso recebam uma promoção ou um serviço extra que gere um recurso a mais, logo tratam de aumentar o padrão de vida ou fazer uma dívida.

O resultado é que nunca sobra nada para investir, sendo assim, serão sempre escravas de seu trabalho de renda ativa; se forem demitidas de um dia para o outro, correm o risco de passar grandes apertos financeiros, pois sequer formaram uma reserva de emergência.

"O meu povo está sendo destruído, porque lhe falta o conhecimento"
(Oséias 4.6ª)

Não dê lugar a preguiça, esperando o tempo favorável, o dia que você ganhar mais, o dia que sobrar.... Faça dos investimentos uma dívida consigo mesmo e se esforce para se pagar.

Enfim, o que você precisa conhecer e saber para seguir com seu projeto de independência financeira e deixar de ser escravo? Mude de rota, escolha não mais errar e padecer(perecer), seja liberto pelo conhecimento e viva a vida abundante que Deus tem para você!

"mas os justos são libertados pelo conhecimento"
(Provérbios 11.9b)

Conheça seu orçamento e seu padrão de vida

É preciso conhecer o quanto se ganha e o quanto se gasta, estimar, priorizar e rever seus gastos, avaliá-los em necessários, desejáveis ou supérfluos e assim definir o quanto você precisa por mês para arcar com todas despesas do seu padrão de vida.

Coloque no papel ou na planilha ou em aplicativo se preferir, o importante é ter ciência, visão e estimar tudo que se gasta com moradia, alimentação, saúde, educação, transporte, lazer, eventos e presentes, beleza e cuidados pessoais, animais de estimação, doações. Não esqueça de nenhum dos gastos, sejam fixos ou variáveis, mensais ou anuais (nestes casos, divida o valor por 12, para estimar de forma mensal).

Sempre temos algo para reparar e também sonhamos com coisas novas e novas conquistas. Faça caixinhas para manutenção de casa e carro, férias, viagens, festas, carro novo, móveis, eletro e eletrônicos, o que se aplicar a você. E faça uma para ser seu "salário", para você gastar no que quiser: roupa, bolsa, calçado novo que precise ou deseje e etc.

Caso você seja cristão, não esqueça de considerar primeiramente os 10% de seu dízimo e sua oferta.

Saiba qual montante acumular

Depois de conhecer e estimar seu padrão de vida, vamos supor que você chegou a conclusão que R$2.000, atualmente, seria suficiente para arcar com todas suas despesas.

Para saber qual montante acumular, para que seus investimentos passem a gerar uma renda passiva de R$2.000, por tempo indeterminado, basta aplicar a fórmula da independência financeira que também apresento em meu 2º livro "A Gestão de Projetos na Independência Financeira".

Fórmula da Independência Financeira

Renda mensal desejada x 12 / rentabilidade anual estimada = aplicação inicial
(BLANCO, Disponível em <https://g1.globo.com/economia/seu-dinheiro/especial-publicitario/orama/noticia/saiba-como-ter-uma-renda-mensal-de-r-4-mil-por-mes-com-investimentos.ghtml>**. Acesso em: 24 out. 2018.).**

A renda mensal desejada, no caso exemplo de R$2.000, deve ser multiplicada por 12, para transformar o gasto mensal em anual. A rentabilidade anual estimada de seus investimentos deve ser líquida, real, ou seja, depois de descontada, inflação, imposto de renda e demais taxas.

Supondo que você consiga em seus investimentos, juros líquidos de 6% ao ano, o cálculo ficaria assim: **(R$ 2.000 x 12) / 0,06 = R$ 400.000,00)**, ou seja, você precisaria acumular um montante inicial de 400 mil, para daí passar a gerar renda de 2 mil.

Para prevenir problemas com o cálculo no futuro, reveja seus gastos anualmente, até alcançar a independência financeira. E depois de alcançada, adicione ao menos 20% de gordura no seu total estimado, para que você continue a reinvestir mensalmente, de forma a não consumir toda renda passiva gerada, a fim de manter o poder aquisitivo do seu dinheiro por conta da inflação.

Perceba que tudo aumenta, as contas, os produtos no mercado, o combustível; se hoje, R$2.000,00 te é suficiente no mês, ano que vêm, talvez você precise de uns R$2.100,00. Não sabemos o dia de amanhã, mas dá para prever, calcular e minimizar os riscos do que temos ciência hoje e está ao nosso alcance.

Em todo caso, como diz o ditado: Melhor sobrar, do que faltar!

Não pule etapas, suba degrau por degrau

Para começar, comece do começo! A primeira etapa a ser alcançada num projeto de independência financeira é a **Reserva de Emergência.**

Acumule uma reserva de 6 meses a 1 ano de salário, seja o seu atual ou o que você já calculou ser suficiente para manter seu padrão de vida por tal período. Não seja pego desprevenido financeiramente diante de um desemprego, problema ou crise.

Já falamos que Deus deu sabedoria a José, ele que foi por Deus exaltado de escravo, prisioneiro, a governador do Egito, para salvar a terra, no tempo das "vacas magras", 7 anos de fome, de escassez.

Todavia, como se deu o fato? Ora, anteriormente, eles tiveram um tempo de fartura, os 7 anos das "vacas gordas" e invés de esbanjarem e desperdiçarem, José aconselhou a Faraó que fosse formada a Reserva de Emergência. Recolheram a 5ª parte, ou seja, 20% da produção foi guardada para o tempo difícil que viria.

"Faça isso Faraó, e ponha administradores sobre a terra, e tome a quinta parte dos frutos da terra do Egito nos sete anos de fartura.
Ajuntem os administradores toda a colheita dos bons anos que virão, recolham cereal debaixo do poder de Faraó,

> *para mantimento nas cidades, e o guardem.*
> *Assim, o mantimento será para abastecer a terra nos sete anos da fome que haverá no Egito; para que a terra não pereça de fome."*
> (Gênesis 41.34-36)

Concluída a reserva de emergência, é hora de começar a **Reserva de Estabilidade,** ou seja, gerar uma renda passiva capaz de arcar com suas despesas básicas de alimentação e moradia (água, energia elétrica, IPTU, aluguel e condomínio, se for o caso, etc).

Após formada a reserva anterior, vem a última, que chamo de **Reserva de Liberdade,** a independência financeira de fato, onde sua renda passiva já é capaz de arcar com todas suas despesas: as necessárias, as desejáveis e até mesmo as supérfluas.

Neste momento você decide se continua manter seu trabalho de renda ativa ou não, o dinheiro não te segura mais, ele é gerado sem seu esforço direto. Mas te oriento a permanecer, no caso do amor, a vocação, a missão e outras coisas melhores que o dinheiro, falarem mais alto.

Falo de forma mais detalhada sobre as Reservas de Emergência, Estabilidade e Liberdade em meu 2º livro "A Gestão de Projetos na Independência Financeira".

"Com a sabedoria edifica-se a casa, e com a inteligência ela se firma;
pelo conhecimento se encherão as câmaras de toda sorte de bens, preciosos e deleitáveis.
Mais poder tem o sábio do que o forte, e o homem de conhecimento, mais do que o robusto.
Com medidas de prudência farás a guerra; na multidão de conselheiros está a vitória.
(Provérbios 24.3-6)

Não pare no meio do caminho

Quando colocamos em execução um sonho, iniciamos um plano, começamos a perseguir um alvo, o início é empolgante, motivador, chegamos dispostos, alegres.

Porém, no meio do percurso, nos deparamos com barreiras, quer tenham sido previstas ou não; há problemas no caminho que fazem muitos desanimarem e até mesmo desistirem, retrocederem.

Há distrações para nos fazerem perder o foco, com isto muitos atrasam sua chegada ou nem mesmo chegam no objetivo.

Quando falamos de projeto de independência financeira, ou até mesmo da salvação de nossas almas, não é diferente, começamos bem animados, mas não são todos que prosseguem até o fim.

"Aquele, porém, que perseverar até o fim, esse será salvo."
(Mateus 24.13)

Alguns podem começam a investir para sua liberdade financeira, mas mediante um problema na família, uma perda de emprego, ou qualquer outra situação desanimadora, invés de replanejarem, recalcularem e continuarem o projeto com as mudanças necessárias, simplesmente preferem desistir dele.

Outros podem até conseguir acumular uma quantia razoável de recursos aos seus olhos, mas param no meio do trajeto, seduzidos pelas demais coisas: A tentação de renovar seu guarda-roupa mesmo que não precise, a compra de um carro novo mesmo que o velhinho ainda dê para o gasto e assim por diante.

Somos tentados de formas e por coisas diferentes e assim muitos cedem e trocam o projeto de longo prazo, por um prazer imediato; assim como muitos trocam sua vida com Deus, pela amizade com o mundo, o Reino de Deus, que devia ser priorizado, pelas demais coisas, que seriam acrescentadas, as coisas espirituais, pelas carnais, sua salvação, por prazeres terrenos.

    Meu conselho é: Não pare no meio do caminho! Está difícil? Também foi e é para mim e para muitos, mas continue, o final vale a pena, é recompensador!

"Melhor é o fim das coisas do que o seu princípio"
(Eclesiastes 7.8a)

"Porque para mim tenho por certo que os sofrimentos do tempo presente não podem ser comparados com a glória a ser revelada em nós."
(Romanos 8:18)

Conheça-se

    É necessário conhecer a si mesmo também na área financeira, para tomar decisões com assertividade e não sofrer desnecessariamente.

"Examine-se, pois, o homem a si mesmo"
(1 Coríntios 11:28[a])

Faça o teste simples de perfil de investidor disponível em qualquer instituição financeira, Banco, Corretoras, etc..

Você precisa saber se você é do tipo conservador, moderado, ou arrojado...

Resumidamente, se você for do tipo que não aceita perder, **conservador**, contente-se com investimentos deste tipo que por vezes não são tão atrativos quanto aos juros líquidos recebidos (ganho real, descontando inflação e taxas), porém são mais seguros. Fuja principalmente de ações e fundos de investimento.

Já o perfil **moderado**, é bem mais flexível, gosta de diversificar, tem investimentos conservadores em renda fixa e outros em renda variável, ele aceita o risco de perder até certo ponto, na possibilidade de lucrar mais.

Já o perfil **arrojado**, aceita o risco de maiores perdas, na possibilidade de obter retornos ainda maiores.

Porém, ainda que no seu íntimo você seja bem ousado, aconselho-te a refrear seus impulsos, a menos que tenhas certeza do que está fazendo, aonde está investindo e o quanto está disposto a arriscar.

O cuidado deve ser maior quando se é casado, com filhos, quando se têm um lar que depende de você, ou caso já estejas avançado em idade.

Já aos solteiros jovens, encorajo que aproveitem seu tempo, a hora de apanhar, aprender e acertar nos investimentos é agora, mas, mesmo assim, aja com sabedoria, conhecimento e moderação.

Estes são os três tipos básicos de perfis existentes, definidos principalmente pelos tipos de reações distintas das pessoas, frente aos investimentos.

Se você resolve aplicar em um investimento, de repente nota que o valor que você aplicou diminuiu, qual a sua reação?

Se você fica desesperado, resgata o que sobrou, mete o pé e nunca mais se mete em renda variável, pois não suporta perder, você se enquadra no perfil Conservador.

Todavia, se diante do mesmo cenário apresentado, você fica de boa, mantém a calma, a princípio liga apenas o "pisca alerta", marca um ponto de atenção, para observar mais de perto, não investe mais, mas também não tira, mantém sua posição, você se enquadra no perfil Moderado.

Porém, se diante desta cena, você fica tranquilo e até feliz, sorri, pois sabe aonde está investindo e até aproveita a queda no valor de mercado para investir ainda mais e diminuir seu preço médio de compra, na possibilidade de lucrar mais no futuro.... Bem, se você não for louco, com certeza és de perfil arrojado.

Encaixe-se verdadeiramente em um destes três, não dê lugar a outros perfis genéricos dos tipos que listo abaixo:

Perfil genérico conversa fiada (vive dizendo que quando ganhar mais, vai começar a investir, ou outras desculpas semelhantes, engana-se a si mesmo, pois se não é fiel no pouco, também não será no muito);

Perfil genérico leigo (só coloca dinheiro na caderneta de poupança porque se recusa a conhecer outras opções também conservadoras e bem melhores);

Perfil genérico extravagante (acredita que achou a galinha dos ovos de ouro e coloca tudo que tem nela, esquece do conselho da vó: Não conte com ovos na bunda da galinha);

Perfil genérico sem vergonha (topa até coisas ilegais na tentativa de enriquecer);

Perfil genérico viciado (quando se passa do ponto, quando a moderação é deixada de lado e vira um vício, como alguns, por exemplo, podem virar escravos de day trade. Não sou contra os traders, há profissionais entre eles, refiro-me a quando se vira um jogo viciante.

Esteja ciente: Investir não é jogar, não é apostar, é preciso agir com o mínimo de conhecimento!

Conheça os investimentos disponíveis

Há muitas opções de investimentos disponíveis, vou falar neste livro resumidamente um pouco sobre os mais conhecidos.

Quero antes definir alguns termos, que nos auxiliarão no entendimento básico que passarei em sequência sobre os diferentes investimentos e também as tabelas de imposto de renda que consultaremos.

Renda Fixa: Refere-se aos investimentos que se consegue estimar o prazo e a rentabilidade. As taxas e os indexadores da remuneração são previamente estabelecidos. Porém apesar do nome, ela não é totalmente fixa, há atualização diária nos preços dos títulos.

Renda Variável: Praticamente o oposto de Renda Fixa, aqui tudo é imprevisível. O valor do seu investimento, cota, ação, é o mercado que define e este varia a todo tempo influenciado por fatores econômicos, políticos, internos e externos.

Liquidez: Rapidez com a qual consegue desfazer-se de um bem ou investimento, transformando-o em dinheiro.

FGC: Fundo Garantidor de Créditos (cobre 250 mil, por CPF e instituição bancária/financeira, com teto de 1 milhão a cada período de 4 anos).

Taxa Selic: Taxa básica de juros.

IPCA: Índice de Preços para o Consumidor Amplo, é o índice que mede a inflação.

CDI: Certificado de Depósito Interbancário.

TR: Taxa Referencial.

B3: É a Bolsa de Valores do Brasil. B3 é sigla para Brasil, Bolsa, Balcão.

Taxa de corretagem: Valor que pode ser cobrado por corretora ou Banco para fazer a intermediação entre o investidor e o mercado por operação (compra ou venda) na Bolsa de Valores. Algumas fazem o serviço de forma gratuita.

Taxa de performance: É uma recompensa, um bônus cobrado por alguns fundos de investimento quando seus gestores conseguem superar o índice de referência, entregando assim um resultado melhor que o esperado previsto aos investidores.

DARF: Documento de Arrecadação de Receitas Federais.

IOF: Imposto sobre Operações Financeiras.

CVM: Comissão de Valores Mobiliários, é uma autarquia vinculada ao Ministério da Economia do Brasil que fiscaliza o mercado de valores mobiliários, tais como ações de empresas e fundos de investimento.

ANBIMA: Associação Brasileira das Entidades dos Mercados Financeiro e de Capitais.

Tabela de IR de Investimentos

Tempo de Permanência no Investimento	Alíquota descontada
Até 180 dias	22,50%
De 181 até 360 dias	20,00%
De 361 até 720 dias	17,50%
Acima de 720 dias	15,00%

Tabela de IR Regressiva

Tempo de Acumulação / Recebimento de Renda	Alíquota descontada sobre o total resgatado ou recebido como renda
Até 2 anos	35,00%
2 a 4 anos	30,00%
4 a 6 anos	25,00%
6 a 8 anos	20,00%
8 a 10 anos	15,00%
Mais de 10 anos	10,00%

Tabela de IR Progressiva

Alíquota descontada	Faixas
0% (isento)	Até R$ 1903,98

7,5%	De R$ 1.903,99 a R$ 2.826,65
15,0%	De R$ 2.826,66 a R$ 3.751,05
22,5%	De R$ 3.751,06 a R$ 4.664,68
27,5%	Acima de R$ 4.664,68

Obs.: A faixa de isenção está por ser aumentada, o texto já foi aprovado pela Câmara, mas não teve prosseguimento pelo Senado, devido a várias resistências. A discussão deve continuar em 2022.

Agora vamos falar sobre os principais investimentos, descrevê-los, informar em que tipo se enquadram, perfis e objetivos indicados para cada um deles (em alguns pontos, reflito principalmente minha opinião, você é livre para pensar, estudar, concordar ou discordar).

Não se esqueça de sempre avaliar o cenário da economia e diversificar sua carteira para minimizar os riscos.

Por exemplo, se os investimentos em renda variável estão caindo e os de renda fixa subindo, tendo uma carteira balanceada, você mantém um certo equilíbrio, mas se está com todo seu dinheiro em renda variável, vai sentir muito mais o impacto.

Considere ainda ter investimentos no exterior ou que sigam moeda estrangeira como o dólar, ou um ETF, como o IVVB11, que segue as 500 maiores empresas americanas, assim você não fica restrito somente a economia brasileira.

Sem mais delongas, vamos ao resumão dos principais investimentos!

POUPANÇA

Tipo? Renda Fixa.

O que é? O dinheiro depositado fica disponível para o Banco realizar empréstimos em troca de juros (acompanha taxa Selic).

Quanto preciso para investir? Depende do Banco, mas já vi aceitar depósito de R$1,00.

Em que perfis se encaixa? Perfil Conservador, digo extremo conservador, resistente a mudanças, pior só Título de Capitalização ou esconder dinheiro debaixo do colchão ou deixar parado num cofrinho qualquer. Há opções melhores, depositando um valor na conta do Nubank, por exemplo, o rendimento diário é de 100% do CDI.

Para quais objetivos é indicado? Indicado para formação da reserva de emergência e para objetivos de curto prazo, mas como já falamos, conheça outras opções.

Quanto rende? O rendimento é mensal(mês aniversário), sendo 70% da taxa Selic, quando esta se encontra em até 8,5%, caso esteja acima, o rendimento passa a ser de 0,5% ao mês ou 6,17% ao ano (regra da poupança velha). Em ambas hipóteses, soma-se o valor da TR. A Taxa Referencial esteve zerada de 2017 até outubro de 2021.

Risco? Baixo. O risco é o Banco ou instituição financeira falir.

Garantia? Coberta pelo FGC, até 250 mil, por CPF e instituição bancária.

Liquidez? Alta (Pode-se resgatar o dinheiro qualquer hora).

Paga IR? É isenta de IR para pessoas físicas. Pode-se fazer dois saques por mês, sem tarifa alguma. A partir de três saques no mês, os bancos já podem cobrar.

TESOURO DIRETO

Tipo? Renda Fixa

O que é? Criado pelo Tesouro Nacional para investimentos em Títulos Públicos. O dinheiro é emprestado para o governo do Brasil investir em saúde, educação, etc. Em troca, os investidores obtêm ganhos com juros pré ou pós-fixados.

Quanto preciso para investir? A partir de aproximadamente R$30,00, já é possível investir.

Em que perfis se encaixa? Principalmente no perfil Conservador, mas também se encaixa bem no Moderado e Arrojado, sendo que o Conservador pode aplicar boa parte do total de seus recursos, enquanto que o Moderado e o Arrojado um pequeno ou médio percentual de sua carteira, para diversificação.

Para quais objetivos é indicado? Indicado principalmente para objetivos de prazo bem definidos, como por exemplo: Reserva de emergência (principalmente o Tesouro Selic), viagem dos sonhos, festa, compra de carro, presente especial, custear uma faculdade, trocar seus móveis, reformar sua casa e etc.

Quanto rende? Rendimento diário e há 3 tipos disponíveis para contratação:

Tesouro SELIC – Excelente opção para quem quer começar a sair da Poupança, é um ótimo substituto dela, enquanto ela rende 70% da SELIC, ele rende 100%, porém para o Tesouro há incidência de IR, apesar disso, ainda costuma ser mais vantajoso.

Tesouro Prefixado – Você já sabe quanto vai ganhar por ano no momento que está comprando. Ex.: 11,25% ao ano. Há também Tesouro Prefixado com Juros

Semestrais, em que semestralmente lhe é pago os juros acordados até a data de vencimento do título.

Tesouro IPCA – Atrelados ao índice IPCA que mede a inflação e mais um percentual. Ex.: IPCA + 5,13%. Excelente para garantir que seu dinheiro investido não perca o valor, seja desvalorizado, como por vezes ocorre em aplicações na Caderneta de Poupança. No Tesouro IPCA, é garantia que ele sempre ficará acima da inflação. Há também Tesouro IPCA + com Juros Semestrais, em que semestralmente lhe é pago os juros acordados até a data de vencimento do título.

Risco? Baixo. Só quebra, se o Brasil quebrar.

Garantia? É o investimento mais seguro do Brasil, você está emprestando dinheiro ao governo, que para te dar calote, só se der no Banco Central.

Liquidez? Alta, pode fazer o resgate a qualquer tempo. Apesar disso, observe que para se chegar a menor alíquota de IR que é 15%, o ideal é deixar ao menos 2 anos. E no caso do Prefixado e IPCA, a rentabilidade acordada só é garantida se esperar a data de vencimento, no caso de resgatar antes, pode-se ganhar mais ou menos do que havia sido estipulado, vai depender de quanto estiver valendo o papel no momento.

Paga IR? Sim, entre 15% e 22,5%, descontado na fonte na hora do resgate, conforme Tabela de IR de Investimentos da página 104.

CDB (CERTIFICADO DE DEPÓSITO BANCÁRIO)

Tipo? Renda Fixa

O que é? Títulos emitidos a fim de que Bancos arrecadem dinheiro para suas atividades de crédito. Ou seja, invés de pegar emprestado no Banco e pagar juros, você que empresta seu dinheiro para ele e recebe juros pré ou pós fixados por conta disto.

Quanto preciso para investir? Depende do CDB em questão, mas com aproximadamente R$100 já é possível investir.

Em que perfis se encaixa? Em todos.

Para quais objetivos é indicado? Os que possuem liquidez diária, podem até ser usados para formar a reserva de emergência ou para o dinheiro do dia a dia. Os demais são indicados principalmente para objetivos de prazo bem definidos, sejam de curto, médio ou longo prazo. Por exemplo: Uma viagem, festa, compra de carro, presente especial, custear uma faculdade, trocar seus móveis, reformar sua casa e etc. O fato é que tendo data marcada para resgate, até se consegue resgatar antecipadamente, mas não é aconselhável, pois você ganhará menos, terá que abrir mão do valor acordado no início.

Quanto rende? Há vários tipos de CDB's no mercado. Você pode contratar um prefixado, ou seja, você já sabe quanto vai ganhar no momento da contratação, por exemplo: 13,58% ao ano. Também existem os pós-fixados, como os CDB's atrelados a inflação mais um percentual, por exemplo: IPCA + 5,56%. E os que seguem o CDI, por exemplo: 130% do CDI. Um conselho que dou para quem quer maiores rendimentos é analisar os Bancos menores que pagam bem mais do que os grandes, apesar do risco de crédito teoricamente ser maior, a garantia é a mesma.

Risco? Baixo. O risco é o Banco em questão falir, ou não conseguir pagar os investidores no momento do resgate.

Garantia? Coberto pelo FGC, até 250 mil, por CPF e instituição bancária.

Liquidez? Alta, para os que possuem liquidez diária e nos demais, baixa, somente no vencimento, para garantir a rentabilidade acordada. O resgate é feito de forma automática, ou seja, cai direto na conta, na data estipulada. É possível solicitar resgate antecipado, mas com certeza, você ganhará menos do que foi contratado se esperasse até a data final.

Paga IR? Sim, entre 15% e 22,5%, descontado na fonte, na hora do resgate, conforme Tabela de IR de Investimentos da página 104.

Obs.: Existe também RDB (Recibo de Depósito Bancário), bem parecido com CDB, sendo que estes são emitidos apenas por Bancos e podem ser negociados no mercado secundário, já aqueles podem ser emitidos por outras instituições financeiras e não podem ser negociados no mercado secundário.

LC (LETRA DE CÂMBIO)

Tipo? Renda Fixa

O que é? Títulos emitidos a fim de que instituições financeiras arrecadem dinheiro para suas atividades de crédito, em troca de rentabilidade aos investidores.

Quanto preciso para investir? Depende do LC em questão, mas com aproximadamente R$1.000,00 já é possível investir.

Em que perfis se encaixa? Em todos.

Para quais objetivos é indicado? Indicado principalmente para objetivos de prazo bem definidos, sejam de curto, médio ou longo prazo. Por exemplo, uma viagem, festa, compra de carro, presente de casamento para os filhos, custear uma faculdade, trocar seus móveis e etc. O fato é que este tipo de investimento tem data marcada para resgate, até se consegue resgatar antecipadamente, mas não é aconselhável, pois você ganhará menos, não garantirá o valor acordado no início.

Quanto rende? Há vários tipos de LC's no mercado. Você pode contratar um prefixado, ou seja, você já sabe quanto vai ganhar no momento da contratação, por exemplo: 10,60% ao ano. Também existem os pós-fixados, como os que seguem o CDI, por exemplo: 130% do CDI.

Risco? Baixo. O risco é a financeira, emissor em questão falir, ou não conseguir pagar os investidores no momento do resgate.

Garantia? Também é garantido pelo FGC, até 250 mil, por CPF.

Liquidez? Baixa. Somente no vencimento, para garantir a rentabilidade acordada. O resgate é feito de forma automática, ou seja, cai direto na conta da sua corretora, na data estipulada.

Paga IR? Sim, entre 15% e 22,5%, descontado na fonte na hora do resgate, conforme Tabela de IR de Investimentos da página 104.

LCI (LETRA DE CRÉDITO IMOBILIÁRIO)

Tipo? Renda Fixa

O que é? Emitidas por instituições financeiras, para arrecadar recursos para investimentos no setor imobiliário, em troca de pagamento de juros pré ou pós-fixados aos investidores.

Quanto preciso para investir? No mínimo R$1.000,00.

Em que perfis se encaixa? Todos os perfis.

Para quais objetivos é indicado? Indicado principalmente para objetivos de curto e médio prazo, como por exemplo: Uma viagem, festa, troca de móveis, reforma na casa e etc.

Quanto rende? Há vários tipos de LCI's no mercado. Você pode contratar um prefixado, ou seja, você já sabe quanto vai ganhar no momento da contratação, por exemplo: 12% ao ano. Também existem os pós-fixados, LCI's atrelados a inflação mais um percentual, por exemplo: IPCA + 4%. Outros por sua vez seguem o CDI, por exemplo: 98% do CDI.

Risco? Baixo.

Garantia? FGC garante até 250 mil, por CPF.

Liquidez? Baixa. Somente no vencimento, para garantir a rentabilidade acordada. O resgate é feito de forma automática, ou seja, cai direto na conta da sua corretora, na data estipulada.

Paga IR? Para incentivar o crescimento do setor imobiliário, este investimento é isento de imposto de renda.

LCA (LETRA DE CRÉDITO DO AGRONEGÓCIO)

Tipo? Renda Fixa

O que é? Emitidas por instituições financeiras, para arrecadar recursos para investimentos no setor do agronegócio, em troca de pagamento de juros pré ou pós-fixados aos investidores.

Quanto preciso para investir? No mínimo R$1.000,00.

Em que perfis se encaixa? Todos os perfis.

Para quais objetivos é indicado? Indicado principalmente para objetivos de curto e médio prazo, como por exemplo: Uma viagem, festa, troca de móveis, reforma na casa e etc.

Quanto rende? Há vários tipos de LCA's no mercado. Você pode contratar um prefixado, ou seja, você já sabe quanto vai ganhar no momento da contratação, por exemplo: 10,38% ao ano. Também existem os pós-fixados atrelados a inflação mais um percentual, por exemplo: IPCA + 3,96%. E os que seguem o CDI, por exemplo: 109% do CDI.

Risco? Baixo.

Garantia? FGC garante até 250 mil, por CPF.

Liquidez? Baixa. Somente no vencimento, para garantir a rentabilidade acordada. O resgate é feito de forma automática, ou seja, cai direto na conta da sua corretora, na data estipulada.

Paga IR? Para incentivar o crescimento do setor do agronegócio, este investimento é isento de imposto de renda.

CRI (CERTIFICADO DE RECEBÍVEIS IMOBILIÁRIOS)

Tipo? Renda Fixa

O que é? Emitidos por companhias securitizadoras, para arrecadar recursos para a indústria imobiliária, em troca de pagamento de juros pré ou pós-fixados aos investidores.

Quanto preciso para investir? Aproximadamente, a partir de R$1.000,00 já é possível investir.

Em que perfis se encaixa? Perfil Moderado e Arrojado.

Para quais objetivos é indicado? Indicado principalmente para objetivos de médio e longo prazo, como por exemplo, a compra de um imóvel.

Quanto rende? Há vários tipos de CRI's atrelados às taxas do mercado. Atrelados a inflação mais um percentual, por exemplo: IPCA + 5,20%. Atrelados ao CDI, por exemplo: 112% do CDI.

Risco? Médio.

Garantia? As garantias são os próprios produtos, como os apartamentos e casas.

Liquidez? Baixa. Somente no vencimento, para garantir a rentabilidade acordada. O resgate é feito de forma automática, ou seja, cai direto na conta da sua corretora, na data estipulada.

Paga IR? Para incentivar o crescimento do setor imobiliário, este investimento é isento de imposto de renda.

CRA (CERTIFICADO DE RECEBÍVEIS AGRÍCOLAS)

Tipo? Renda Fixa

O que é? Emitidos por companhias securitizadoras, para arrecadar recursos para investimentos no setor agrícola, em troca de pagamento de juros pré ou pós-fixados aos investidores.

Quanto preciso para investir? Aproximadamente, a partir de R$1.000,00 já é possível investir.

Em que perfis se encaixa? Perfil Moderado e Arrojado.

Para quais objetivos é indicado? Indicado principalmente para objetivos de médio e longo prazo, como por exemplo, a compra de um imóvel.

Quanto rende? Há vários tipos de CRA's atrelados às taxas do mercado. Atrelados a inflação mais um percentual, por exemplo: IPCA + 5,40%. Atrelados ao CDI, por exemplo: 110% do CDI, CDI + 2,50%.

Risco? Médio.

Garantia? As garantias são os próprios produtos, como soja, gado, etc.

Liquidez? Baixa. Somente no vencimento, para garantir a rentabilidade acordada. O resgate é feito de forma automática, ou seja, cai direto na conta da sua corretora, na data estipulada.

Paga IR? Para incentivar o crescimento do setor agrícola, este investimento é isento de imposto de renda.

DEBÊNTURES

Tipo? Renda Fixa

O que é? Emitidas por empresas não-financeira para financiamento de seus negócios e projetos. Invés de pegar empréstimo em algum Banco, muitas empresas preferem captar recursos no mercado através da emissão de debêntures.

O investidor, sem virar sócio da empresa em questão, compra o título de dívida, em troca de pagamento de juros, que podem ser pagos periodicamente ou só no vencimento.

A dívida poderá também ir sendo amortizada até o vencimento, semelhantemente como fazemos num financiamento imobiliário, em que parcelamos e vamos amortizando o saldo devedor periodicamente.

Há debêntures que podem ser convertidas em ações da empresa, as chamadas conversíveis. Existe até mesmo as que podem ser transformadas em ações de outras empresas, as chamadas permutáveis.

Quanto preciso para investir? Aproximadamente, a partir de R$1.000,00.

Em que perfis se encaixa? Perfil Moderado e Arrojado.

Para quais objetivos é indicado? Indicado principalmente para objetivos de médio e longo prazo. As debêntures que pagam juros periodicamente podem, por exemplo, ajudar a compor a formação de renda passiva para sua independência financeira.

Quanto rende? Existem às prefixadas, por exemplo: 10% ao ano. E as pós-fixadas que seguem as taxas do mercado. Atreladas a inflação mais um percentual, por exemplo: IPCA + 6,20%. Atreladas ao CDI mais um percentual, por exemplo: CDI + 1,14%.

Risco? Médio. Antes de investir numa debênture, uma dica é verificar o rating da empresa, caso a mesma tenha contratado o serviço, pois há agências que avaliam o grau de risco de crédito, prefira as com classificação AAA ou Aaa.

Garantia? A garantia é o direito de crédito contra a companhia emissora, pois a debênture em si é um título de dívida. Pode ser *Real* (Bens da empresa são colocados como garantia e não podem ser negociados sem aprovação dos debenturistas), *Flutuante* (a garantia é todo o ativo da emissora, mas não impede negociação dos bens que o compõe, os debenturistas têm prioridade no recebimento em caso de falência da mesma) ou *Fidejussória* (há um fiador, normalmente como garantia acessória). Há dois tipos de emissões sem garantia: As *Quirografárias* e as *Subordinadas*, sendo que àquelas tem preferência de pagamento sobre estas.

Liquidez? Alta, através do mercado secundário, porém, ao não se respeitar o prazo do vencimento, pode haver perda até mesmo do valor aplicado inicialmente, como ocorre com outros investimentos.

Paga IR? As debêntures incentivadas são isentas de IR, pois o dinheiro arrecadado é para investimento na infraestrutura de nosso país. Por exemplo: Energia, saneamento, mobilidade, aeroportos, estradas, etc. Nas demais debêntures, incide IR entre 15% e 22,5%, descontado na fonte na hora do resgate, conforme Tabela de IR de Investimentos da página 104.

FUNDOS DE INVESTIMENTO

Tipo? Há vários tipos de fundos de investimento: Fundos de Renda Fixa, Multimercado (bem diversificado, aplicando em várias classes de ativos), Fundos de Ações, Cambial e etc.

O que é? Fundos de investimento são gerenciados por especialistas e compostos por vários produtos do mercado financeiro. É como se fosse um condomínio, ou um clube com vários sócios. Basta aplicar o valor mínimo estipulado e você já se torna sócio com uma cota. Conforme o desempenho do fundo, os cotistas recebem a rentabilidade de forma proporcional ao número de cotas que tenha adquirido.

Quanto preciso para investir? Cada fundo tem seu próprio valor mínimo estipulado, mas aproximadamente a partir de R$30,00, já se consegue investir em algum.

Em que perfis se encaixa? Há fundos de investimento para todos os gostos e perfis.

Para quais objetivos é indicado? É necessário avaliar especificamente o fundo que se pretende investir. Há diversos fundos que se encaixam em diferentes objetivos, com diferentes datas de vencimento. Há os que se encaixam em objetivos de curto prazo, outros em de médio ou de longo. Caso você seja uma pessoa "sem tempo", ou que não se interessa ou não gosta de gastar tempo analisando bons investimentos, pode ser interessante contar com um bom fundo de investimento, onde gestores fazem o trabalho por você, porém é cobrado uma taxa de administração para isso.

Quanto rende? É necessário avaliar especificamente o fundo que se pretende investir. Uma dica é observar o rendimento dos últimos 12 meses, porém saiba que rentabilidade passada não é garantia de rentabilidade futura. Por isso, antes de decidir entrar num fundo de investimento somente pela rentabilidade apresentada até o momento, veja se ele se encaixa realmente em seu perfil e em seus objetivos.

Risco? Há fundos de baixo, médio e alto risco. É necessário analisar individualmente o fundo em questão antes de investir, veja se está no grau de risco tolerável para você, de acordo com seus objetivos e perfil de investidor.

Garantia? Regulamentação e Fiscalização pela CVM e ANBIMA em todos os produtos.

Liquidez? Depende do fundo. O resgate pode ser solicitado a qualquer hora, porém o dinheiro só cai na conta, conforme o prazo específico de cada fundo. Alguns demoram mais de 30 dias.

Paga IR? Sim, entre 15% e 22,5%, descontado na fonte na hora do resgate, conforme Tabela de IR de Investimentos da página 104.

COE (CERTIFICADO DE OPERAÇÕES ESTRUTURADAS)

Tipo? Investimento que junta Renda Fixa com Renda Variável com proteção do seu capital.

O que é? São títulos emitidos por grandes Bancos, pode combinar diversos produtos, como ações de empresas, ouro, câmbio, etc. Este tipo de investimento ainda é novo no Brasil, mas é bem popular na Europa e EUA. O interessante é que o dinheiro aplicado inicialmente fica protegido, mesmo se o resultado da operação for ruim, o prejuízo não é repassado aos investidores. Porém se o resultado for positivo, os investidores recebem os ganhos, todavia limitados.

Quanto preciso para investir? A partir de R$1.000,00, aproximadamente.

Em que perfis se encaixa? Perfil Moderado e Arrojado.

Para quais objetivos é indicado? Indicado principalmente para objetivos de médio e longo prazo.

Quanto rende? É necessário avaliar especificamente o COE que se pretende investir.

Risco? Alto, por conta do risco de crédito por parte do Banco que fez a emissão, visto que COE não é coberto pelo FGC.

Garantia? A garantia é que ao menos seu investimento inicial fica protegido (caso o Banco não venha a falir ou não tenha como pagar na data acordada).

Liquidez? Baixa. Cada COE tem suas datas específicas de vencimento.

Paga IR? Sim, entre 15% e 22,5%, conforme Tabela de IR de Investimentos da página 104.

AÇÕES

Tipo? Renda Variável.

O que é? São títulos pelos quais torna-se possível virar sócio de determinadas empresas. Ao comprar uma ação, você está comprando um pedacinho da empresa e passa a ter direito de receber lucros dela.

Quanto preciso para investir? Exceto quando se compra em oferta primária, diretamente da empresa, os valores de compra e venda das ações de cada empresa, quem dita é o mercado. Tudo pode influenciar nos preços: A gestão específica da empresa em questão, o cenário da economia do país ou mesmo do exterior, a política, as notícias divulgadas na mídia.... Vale a lei da oferta e da procura... Se tem muitos comprando e poucos vendendo, o preço tende a subir, se por outro lado, tem poucos comprando e muitos vendendo, o preço tende a cair!

Em que perfis se encaixa? Perfil Moderado e Arrojado, é para quem gosta de "montanha-russa", sobe e desce com muita emoção!

Para quais objetivos é indicado? Indicado principalmente para objetivos de longo prazo e até mesmo para ajudar a compor a carteira de renda passiva para a independência financeira, através dos dividendos; parte dos lucros das empresas distribuídas aos acionistas. Também há quem utilize para objetivos de curto ou médio prazo, que façam até como profissão, no caso dos Traders. Os que gostam de operar com day-trade ou swing-trade, compram ações e vendem logo em seguida, mesmo que seja, por uma diferença baixíssima, por exemplo, de 0,01 centavo entre compra e venda de cada cota, o caso é que comprando em quantidade, o lucro pode ser bom e gerar uma boa renda, até diária.

Quanto rende? Praticamente imprevisível. Tem possibilidade de obter bons retornos e até de forma rápida, bem como de perder, num piscar de olhos.

Risco? Alto, inclusive podendo perder e muito o valor aplicado inicialmente. Se você não suporta perder ou esperar, fuja daqui, ou coloque apenas um pequeno percentual de sua carteira que lhe seja tolerável. Há ações denominadas de Blue Chips, que são as de grandes empresas, com alto número de investidores, como Petrobras, Vale do Rio Doce, Itaú, Bradesco e Banco do Brasil.

Garantia? Analise bem a empresa que pretendes se associar, pois a garantia é basicamente ela.

Liquidez? Alta. Você pode vender a qualquer hora, mas se quiser evitar perdas, por vezes, é necessário esperar o momento propício.

Paga IR? Com a Reforma já aprovada na Câmara dos Deputados, os dividendos devem passar a ser taxados em 15% na fonte, mas há algumas isenções. Exceto para operações day trade, as operações que geram lucro de até 60 mil por trimestre serão isentas, antes era R$ 20 mil por mês, mas agora até as compensações serão por trimestre. Se o lucro for maior que o limite estabelecido, é necessário pagar 15% de IR sobre a diferença.

Para ver as principais diferenças entre o cenário passado e o que segue com a Reforma, acesse os sites abaixo (notícias de setembro de 2021):

https://valorinveste.globo.com/mercados/brasil-e-politica/noticia/2021/09/03/reforma-tributaria-entenda-tudo-que-vai-mudar-no-imposto-de-renda.ghtml

https://economia.uol.com.br/noticias/redacao/2021/09/02/reforma-ir-lucros-dividendos-camara-mudanca.htm

ETF (EXCHANGE TRADED FUND)

Tipo? Há ETF's de Renda Variável e ETF's de Renda Fixa.

O que é? Os ETF's ou Fundos de Índices são negociados na Bolsa como as Ações. A diferença é que uma cota de um ETF, não trata apenas de uma empresa e sim de muitas. Cada ETF acompanha um índice e o objetivo é justamente render igual ou mais que o indicador a que se refere.

Quanto preciso para investir? Aproximadamente, a partir de R$100,00.

Em que perfis se encaixa? Perfil Moderado e Arrojado.

Para quais objetivos é indicado? Indicado principalmente para diversificação e proteção da carteira de investimentos. Há muitas opções de ETF's. Por exemplo, há os que seguem o desempenho do IBOVESPA, acompanhando as empresas mais negociadas na Bolsa de Valores, como o ISHARES BOVA (BOVA11). Há os que seguem o desempenho do S&P500, como o IT NOW SPXI(SPXI11) e o ISHARE SP500(IVVB11), que acompanham as 500 maiores empresas americanas, entre elas Apple, Microsoft, Amazon, Facebook, Alphabet (Google), Johnson & Johnson, Visa Inc e Procter e Gamble. Aplicando um percentual de sua carteira em um deles, já minimiza seu risco em não ficar restrito somente a economia brasileira e ainda se defende nas altas do dólar.

Quanto rende? Varia conforme o índice e o desempenho das empresas que acompanha.

Risco? Alto.

Garantia? Não há garantia específica, você está exposto ao preço das ações que compõe a carteira e a outros diversos riscos.

Liquidez? Média. A princípio, você pode vender a qualquer hora no mercado secundário, mas não é possível garantir alta liquidez.

Paga IR? É necessário calcular 15% sobre o lucro que obtiver em venda de cotas e efetuar o pagamento via DARF, pois o imposto não é recolhido direto na fonte, exceto nos ETF's de renda fixa.

BDR (BRAZILIAN DEPOSITARY RECEIPTS)

Tipo? Renda Variável.

O que é? É a forma de investir em ativos que representam ações estrangeiras (Ex.: Google, Disney, Apple, Facebook, Amazon), sem precisar abrir conta no exterior ou mesmo de empresas brasileiras que abriram capital lá fora. Obs.: Ao adquirir um BDR, você não se torna sócio da empresa como nas Ações. Uma unidade de BDR, equivale a frações da ação original.

Quanto preciso para investir? Aproximadamente, a partir de R$30 já é possível investir num BDR.

Em que perfis se encaixa? Perfil Arrojado.

Para quais objetivos é indicado? Indicado principalmente para diversificação e proteção da carteira, assim você não fica exposto somente a economia brasileira, principalmente nos casos de alta do dólar.

Quanto rende? É variável. Você pode lucrar se vender por mais que comprou. E no caso da empresa estrangeira pagar dividendos, você recebe também, já convertido para Real e descontado das taxas, porém o próprio investidor fica responsável por recolher o IR, até o último dia útil do mês subsequente pelo carnê leão.

Risco? Alto. Exposição ao preço de mercado das ações da empresa em questão.

Garantia? A CVM (Comissão de Valores Mobiliários) fiscaliza e regula BDR's também.

Liquidez? Média. A princípio, você pode vender a qualquer hora no mercado secundário.

Paga IR? Sim, 15% sobre o lucro no caso de Swing Trade e 20% no caso de Day Trade. E no caso de recebimento de dividendos, conforme Tabela de IR Progressiva, da página 104.

FIIs (FUNDOS IMOBILIÁRIOS)

Tipo? Renda Variável.

O que é? Há vários tipos de Fundos Imobiliários. Há **Fundos de Tijolo**, que investem em imóveis físicos, como shoppings, hospitais, edifícios corporativos. Há **Fundos de Logística**, que investem em galpões logísticos, espaços utilizados para estocar mercadorias. Há **Fundos de Papel** que investem em ativos como CRI's. Há os que investem em outros fundos, os chamados **FOF's** (**Fundos de Fundos**). E há os **Fundos Híbridos ou mistos** que investem nos vários tipos de ativos do setor imobiliário. Em troca, os investidores recebem os dividendos e rendimentos obtidos proporcionalmente ao número de cotas que tenha adquirido e também podem lucrar com a valorização das mesmas.

O interessante é que os fundos imobiliários, são por lei, obrigados a distribuir aos seus cotistas, no mínimo 95% dos lucros obtidos por semestre.

Quanto preciso para investir? Depende do FII, mas há cotas de alguns deles por menos de R$10,00, atualmente no mercado. Para saber se um fundo está caro, barato ou no preço, observe o **P/VP** (Preço da cota no mercado/Valor Patrimonial). Se a divisão resultar em 1, os valores são iguais, está no preço, se for maior que um, está acima e se for abaixo de 1, está com desconto, ou seja, o preço do mercado está abaixo do valor patrimonial.

Em que perfis se encaixa? Perfil Moderado e Arrojado.

Para quais objetivos é indicado? Indicado principalmente para quem deseja gerar salário através de renda passiva, viver de renda, como no caso de independência financeira que apresento neste livro, visto que boa parte dos FII's paga dividendos mensais.

Quanto rende? É preciso acompanhar o **DY** (Dividend Yield) do fundo que se deseje investir especificamente, não veja apenas o último rendimento, ou algum mês isoladamente, pois pode haver pagamentos não recorrentes, considere ao menos a média dos últimos 12 meses. Para quem está começando, sugiro começar investindo no Maxi Renda(MXRF11), que além de ser o líder em número de cotistas e custar no mercado aproximadamente R$10,00 (cenário acompanhado de todo ano de 2021 e jan/2022), ele é bem diversificado e costuma ser previsível no pagamento dos dividendos; os últimos (ago/21 à jan/22) ficaram entre 0,08 e 0,09 centavos por cota.

Risco? Apesar de fundos imobiliários ser renda variável, considerado como de alto risco, penso ser bem menos arriscado que investir em ações e também considero melhor que ter uma casa ou apartamento próprio para alugar. O dinheiro que gastaria para comprar um imóvel e alugar para apenas um inquilino por bem menos que vale, poderia comprar várias cotas, de vários fundos imobiliários e virar dona de muitos pedacinhos de diferentes imóveis e CRI's, ter muitos inquilinos, sem precisar esquentar a cabeça com nenhum deles. O risco é certamente bem menor do que ter apenas um imóvel próprio e alugado para geração de renda. Um único fundo imobiliário que você invista, já pode ter uma boa diversificação, vários imóveis e vários inquilinos. Fuja dos que possuem apenas um imóvel ou apenas um inquilino, ainda que de alto potencial e muito dinheiro como um Banco ou uma grande empresa, o risco é muito maior, podem não renovar o contrato e etc...

Garantia? A garantia em si, são os próprios empreendimentos que você estiver investindo, os maiores fundos imobiliários em patrimônio líquido e liquidez fazem parte do indicador do desempenho médio dos FII's, chamado IFIX (Índice de Fundos de Investimentos Imobiliários). Evite fundos com apenas um imóvel ou com apenas um inquilino, pois você aumenta consideravelmente seu risco, prefira os multi inquilinos e multipropriedades. Por exemplo, no caso de ocorrer algum desastre com a única propriedade em questão, ou no caso de apenas um inquilino, o mesmo decidir não renovar o contrato, mesmo que haja vários imóveis, você sentirá duramente o impacto na renda durante o período de vacância (percentual do imóvel vago, que neste caso, pode ser bem alto ou até total).

Liquidez? A princípio, você pode vender qualquer um deles, a qualquer hora no mercado secundário, mas dependendo do momento, pode lucrar, ter prejuízo ou vender pelo mesmo preço que comprou. Porém, antes de escolher um fundo, observe especificamente seu grau de liquidez, verificando o número de cotistas e o número de negociações diárias.

Paga IR? Os dividendos, aluguéis recebidos, são isentos de IR, porém, se houver lucro na venda de cotas, ganho de capital, é preciso pagar 20% de IR, via DARF.

PREVIDÊNCIA PRIVADA

Tipo? Há planos de previdência privada que investem em Renda Fixa e há também os Multimercados (Renda Fixa + Renda Variável). Os planos de previdência privada são divididos em **PGBL** (Plano Gerador de Benefícios Livres), que é um plano de previdência complementar indicado para quem faz a declaração de IR completa, pois pode deduzir até 12% da renda anual tributável, fazendo com que a pessoa pague menos imposto (para isso é necessário ser contribuinte também de previdência social) e **VGBL**(Vida Gerador de Benefícios Livres), que é um seguro de pessoa e é indicado para quem faz a declaração de IR simplificada.

O que é? Uma boa opção para quem não quer ficar refém de ter que esperar a aposentadoria pelo INSS; na previdência privada você investe, planeja e pode escolher quando quer se aposentar. Ainda há a opção de resgatar o montante acumulado ou deixá-lo para gerar sua renda mensalmente por um período ou vitalícia, até sua morte, ou até mesmo estendê-la aos seus beneficiários, depois dela. Um excelente atrativo também é que em caso de morte do titular do plano, antes do resgate ou aposentadoria em si, este tipo de investimento não vai para inventário como os demais, que podem demorar até 1 ano, ele vai direto para os beneficiários indicados, em até 30 dias. É uma ótima opção para quem pensa nos familiares, caso venha a faltar, para isto, basta indicar os beneficiários e a porcentagem que cada um deve receber em caso de seu falecimento.

Quanto preciso para investir? Você pode colocar uma alta quantia com um único aporte para já gerar sua renda, ou pode ir fazendo pequenos aportes mensais.

Em que perfis se encaixa? Todos os perfis.

Para quais objetivos é indicado? Indicado principalmente para quem deseja uma renda complementar na aposentadoria pela previdência social ou para quem deseja gerar salário através de renda passiva, como no caso de independência financeira. Sua aposentadoria num tempo escolhido por você, através de planejamento e investimento, você deixa de se limitar apenas as regras de aposentadoria da previdência social.

Quanto rende? Os planos de renda fixa, costumam render menos, porém são mais seguros para quem já está perto de querer se aposentar. Já os de multimercado, que por sua vez, também investem em renda variável, costumam ser mais atraentes nos rendimentos, porém o grau de risco também é maior.

Risco? Baixo a Médio, mas escolha bem a empresa, dona do plano.

Garantia? A SUSEP (*Superintendência de Seguros Privados*), pode realizar a transferência dos ativos para outra seguradora, caso a empresa contratada seja ameaçada de falência, os recursos estando na fase de formação da poupança ainda. O dinheiro da previdência não se mistura com o do caixa da empresa.

Liquidez? Média. Você pode solicitar o resgate a qualquer hora, mas de acordo com o plano, pode levar cerca de 5 dias a 2 meses aproximadamente, para receber o dinheiro. O interessante mesmo é pensar em gerar renda vitalícia, contribuindo por pelo menos 8 ou 10 anos.

Paga IR? Na hora de contratar seu plano, seja PGBL ou VGBL, você deve escolher também a forma de tributação que pode ser **Progressiva** ou **Regressiva** (Vide Tabela de IR Progressiva e Tabela de IR Regressiva da página 104). No PGBL, conforme falamos anteriormente, você tem a vantagem de poder pagar menos imposto, deduzindo até 12% de sua renda anual tributável com os aportes feitos ao plano, através do modelo de declaração completa de seu IR, mas não se engane, em contrapartida, na hora do resgate ou do recebimento do benefício, caso seja transformado em renda, você também será tributado levando em consideração todo o valor resgatado e não somente os juros obtidos. Sendo que na tributação progressiva, já é descontado automaticamente na fonte, a alíquota de 15% na hora do resgate, porém na declaração de IR do ano seguinte ao saque, pode-se fazer a compensação do valor cobrado para mais ou para menos, levando em consideração o valor total das rendas recebidas no ano anterior. Já no VGBL, embora não haja desconto, abatimento na declaração anual de IR, na hora do resgate, paga-se IR apenas em cima dos juros obtidos, desconsiderando o valor aplicado por você, como ocorre nos demais investimentos.

Limitei-me a falar em todos os investimentos mais sobre a cobrança de IR ou não, que costuma ser a cobrança de maior impacto. Porém, quando for investir, observe individualmente o investimento e a corretora em questão e veja se há cobrança de outras taxas, como por exemplo: taxa de corretagem, taxa de performance, come-cotas (antecipação de parte do imposto para quem investe em fundos de investimento)...

A taxa de custódia da B3 para títulos do Tesouro Direto será reduzida para 0,20% ao ano, a partir de janeiro de 2022, sendo que investimentos no Tesouro Selic ficam isentos da cobrança até o limite de R$ 10 mil. Nos Títulos Públicos não incide esta taxa.

O IOF incide em alguns títulos de renda fixa e em alguns fundos de investimento, caso o resgate seja feito em até 30 dias. Há também a taxa obrigatória da B3 em investimentos de Renda Variável.

É importante saber também que em operações de renda variável, a corretora desconta o tal do "dedo-duro", ou seja, um pequeno percentual do imposto de renda é retido na fonte, visando deixar a Receita Federal ciente da operação em Bolsa. A alíquota descontada é de apenas 0,005%, já em operações day trade (compra e venda no mesmo dia), é de 1%.

Não caia na malha fina, não se esqueça de declarar tudo e de pagar no mês subsequente da operação o imposto devido se tiver tido lucro e não se encaixar no critério de isenção (até 60 mil por trimestre em ações), em operações day-trade o imposto era de 20%, sem faixa de isenção, porém com a Reforma já aprovada na Câmara, deve cair para 15% também. Em Fundos Imobiliários (FII's), não há diferença, a tributação é sempre de 20% no caso de ganho de capital. Na hora de pagar, faça o abatimento do que já foi recolhido antecipadamente com o "dedo-duro".

Saia da teoria e venha para a prática

Agora que você já conhece o básico para começar, prossiga em conhecer e pratique, pois é assim que a gente vive e aprende de fato.

Abra conta numa corretora, caso ainda não o tenha feito, pois assim ampliarás seu leque de opções, não ficando restrito a um Banco com seu portfólio limitado.

Listo abaixo o nome e o site de algumas delas para você conhecer, escolher, fazer seu cadastro e talvez seu primeiro investimento de verdade, desconsiderando Caderneta de Poupança, tá?! Você pode baixar o aplicativo delas também, caso prefiras atuar através do seu smartphone.

- NuInvest – https://www.nuinvest.com.br/
- XP – https://www.xpi.com.br/
- Clear – https://corretora.clear.com.br/
- Rico – https://www.rico.com.vc/

Débora Oliveira Aieta de Melo

DEMISSÃO OU LIBERTAÇÃO?

9º Passo: Tenha coragem para mudar!

Se a decisão de deixar o trabalho será sua ou se decidirão por você, não importa tanto, mas esteja preparado para ambas possibilidades.

O tempo passou, cansei, não estava mais feliz no trabalho. Já tinha sofrido várias mudanças de setor e gerência, embora sempre na área de desenvolvimento e manutenção de sistemas; como um cachorro que corre atrás do rabo, mas não sai do lugar.

O fato é que agora, só estava ali mesmo por conta do dinheiro. As pessoas que eu gostava de andar, conversar, que me faziam sorrir, não trabalhavam mais comigo, ou seja, nem aquele ambiente de amizade bacana no trabalho eu tinha mais e trabalhar só mesmo pelo dinheiro, era maçante, cansativo, triste, não aguentaria por muito tempo.

Louvado seja Deus que a superintendente descobriu que eu tinha uma queda pela área de finanças, quando fomos escolhidas dentre outros funcionários, para participar do Piloto de Saúde Financeira da CIA; a esta altura estava escrevendo meu primeiro livro "Aprendendo Finanças com Deus".

Sofri outra injustiça em troca de gerência, mas desta vez nem tive tempo de ficar triste. A superintendente que já tinha cogitado a possibilidade de me colocar na parte de orçamento de sua área, mas não tinha rolado, desta vez me fez uma proposta irrecusável, de trabalhar na área de orçamento de toda a TI (Informática) que prestava contas direto para o diretor.

O desafio que eu almejava, bateu à minha porta, imediatamente agarrei a oportunidade dizendo: Aceito!

Ao chegar no novo setor, percebi que o povo era escravo, nem tinham hora certa para comer. Em meus primeiros dias lá, lembro que certa feita me levantei para ir almoçar e uma das colegas declarou: "Aqui, a gente não come, nem dorme!".

Imediatamente respondi: "Deixa eu ir almoçar então, para não me contaminar!".

Sabia que Deus tinha abençoado minha ida para lá. Pensei: "Se isso aqui é o Egito, eu sou Moisés. Vou libertar o povo, escrava que não serei com eles!".

Embora eu vivesse em meio a "escravidão" também, sempre coloquei limites. Aprendi a dizer "não", com sabedoria e humildade, sabia me colocar quando precisava, discernindo o momento oportuno.

O máximo que podiam fazer é me demitir e disso eu não tinha medo. Eu não dependia do trabalho e sim de Deus, fome não íamos passar, pois Ele cuida de nós; até dos animais e plantas Ele cuida, que dirá de nós, seus filhos!

Agradeço a Deus que meu marido sempre me apoiou também, me deixando à vontade para trabalhar se eu quisesse ou não.

Eu era livre para dizer "não" a escravidão a qualquer momento, porém queria esperar a hora certa, o tempo de Deus, precisava ver cumprido tudo que Ele tinha para realizar através de mim ainda no "Egito", não queria sair na dúvida.

No novo setor precisei sair da zona de conforto, fui sacudida dela. Tive que aprender coisas novas, fui pressionada, falaram mal de mim no início, mas Deus me encorajou, me entregando um recado através de sua serva, amiga minha: "Eu estou neste vento, fica tranquila, é para você aprender!".

E mesmo que pareça ter demorado um pouco, aprendi, cheguei a ensinar outros e o nome Dele foi exaltado na minha vida. Ele brilhava em mim, fiquei até conhecida como uma pessoa de grande paciência, que ironia divina! Logo o que acho que mais me falta, meu marido até brincou, ele que me conhece até de TPM: "Se você é a mais paciente, imagina o povo lá então!".

As pessoas mudaram o parecer a meu respeito, uma colega que havia falado mal de mim, agora confiava em mim e contava comigo, me via como peça fundamental no trabalho.

Recebi até pedido de oração de quem outrora havia me dito "você vai, mas não vai em paz", pois queria que eu continuasse na empresa depois do expediente para entrega de um trabalho, sendo que naquele dia eu precisava realmente ir embora, pois meu marido seria levantado a pastor e eu não podia faltar para o cumprimento da promessa de Deus que ele recebera desde a infância!

Deus começou a me usar como Moisés mesmo, já podia perceber que as pessoas começaram a se incomodar em ser escravas também.

Certa vez, teve um desentendimento entre integrantes da equipe. A gerente estava em reunião sem previsão de retorno e a supervisora que estava preparando uma apresentação para amostrar a ela, acabou se estressando e exclamou para nós: "Ninguém sai!".

Puxa! Era bem um daqueles dias que eu tinha que sair mesmo, neste, se não me engano, era a reunião com as mulheres dos missionários que seriam levantados a pastores, para o planejamento da confraternização do dia da consagração deles.

Não teve jeito, precisei falar: "Chefa, desculpe, eu preciso sair!".

Ela retrucou chateada: "Também tenho filhos!".

Olhei nos seus olhos, não queria faltar com respeito de forma alguma, tinha mais dois funcionários perto, respondi assim: "Não é só isso... Então depois a gente conversa....".

Apesar de minha fala ter sido somente esta, meu olhar de forma profunda, lhe dizia: "Além de ter filhos, sou mulher de pastor.... Se aqui é assim, então não dá para mim, me demite então...".

Sabe o que aconteceu depois que me coloquei, para minha surpresa?! A supervisora, que era a escrava mor, se revoltou também e disse: "Quer saber? Vamos todos embora!".

Corri para o banheiro, feliz da vida e disse em oração: "Obrigada Senhor, falei o que tinha que falar, estava engasgada!".

O tempo passou, me adaptei a nova área, o ritmo era frenético, entretanto tinha mais a ver com o que eu gostava: finanças, orçamento...

Fui aceita mesmo sem diploma de Contabilidade ou Economia e ainda mantive meu bom salário como analista de sistemas, pois meu cargo não fora mudado. Não criaram uma vaga nova, fui com a minha própria, transferida, através de negociação entre superintendentes, fui elogiada como alguém que tinha um bom comportamental. Que benção! Coisas inacreditáveis que Deus faz por mim!

Meu plano de independência financeira, continuava em andamento, eu tinha certeza que deixaria a empresa em breve. Segundo meu planejamento, ainda não estava preparada financeiramente, porém, muito além disto, mais forte que isto, queria cumprir tudo que Deus tinha para mim ali dentro.

Eu precisava suportar mais um pouco e assim Deus ia me fortalecendo, me renovando, em meio a orações e lágrimas. Ainda acontecia diante de prazos apertados, ter de trabalhar de casa até tarde, fazendo hora extra. Mesmo com Covid, tenho certeza que peguei, embora não cheguei a fazer o teste, continuei trabalhando normalmente home office; por vezes trabalhava chorando, mas Ele estava comigo em todo tempo.

Uma colega do setor me perguntou como eu dava conta do trabalho de casa na pandemia, com dois filhos, sendo um ainda pequeno, pois estava bem difícil para ela a rotina em sua volta de licença maternidade. Um dia não aguentou e chorou na frente de todos presentes, ela, em seu lar, porém presa na reunião que não acabava e sua bebê olhando, acredito que com a carinha do "gato de botas", querendo mamar.

Respondi, sem hesitar: "Como dou conta? É a misericórdia de Deus que me sustenta! A gente ora, chora e Ele renova, fortalece. Também uso de estratégias, por exemplo, já trabalho na mesa da cozinha, que aí vou adiantando a comida... Falando nisto, espera aí, deixa eu apagar o arroz, de vez em quando faço arroz queimado!".

O versículo abaixo, citado num livro que eu estava lendo, falou fortemente ao meu coração, como resposta sobre minha saída da Cia.

"e o coração do sábio conhece o tempo e o modo. Porque para todo propósito há tempo e modo;"
(Eclesiastes 8. 5b e 6ª)

A partir daí, entendi que quando chegasse o tempo certo, eu saberia, não haveria dúvida, teria certeza que o meu tempo tinha acabado por lá, que eu já tinha cumprido minha missão na empresa.

E foi assim que aconteceu, fiz tudo que eu tinha que fazer: trabalhei, evangelizei, ajudei, suei, sorri, chorei, fui humilhada e também exaltada, formei amizades, cresci, aprendi, falei até para a gerente, com todo carinho, respeito e sinceridade, quando ela me pediu para avaliá-la, que ela tinha que beber água, se alimentar e ir ao banheiro, afinal não só de reuniões viverá o homem e nem a mulher.

O Alfa e Ômega, me abriu as portas para palestrar na semana de Educação Financeira em 2019. Tive o privilégio de abrir a semana na sede da CIA em SP (fui de avião) e encerrá-la na matriz do RJ, falei sobre como montar um projeto de independência financeira, baseado no livro que Deus me mandou escrever "A Gestão de Projetos na Independência Financeira"; com este mesmo tema palestrei também na Aeronáutica.

Encontrei adversidades no caminho, perdi o voo marcado para SP, cheguei com bastante antecedência, mas não sabia que tinha que ser 1h antes para o checkin. Parecia que o sonho estava virando pesadelo, ficaria mal perante pessoas de grande escalão na Cia. Todavia, me lembrei que Deus é Fiel, clamei a Ele com o meu esposo no aeroporto. Só tinha voo para mais tarde, até que divinamente começaram a anunciar o que eu precisava, e uma funcionária enviada por Deus, conseguiu me encaixar, consegui chegar no auditório em SP a tempo e fazer a palestra. Mesmo na correria, com fortes emoções, vento contrário, deu tudo certo, pois Ele não muda, não falha e suas promessas se cumprem, ninguém pode impedir!

Teoricamente, agora seria mais tranquilo, ia encerrar a Semana de Educação Financeira na Matriz do RJ, onde eu trabalhava mesmo. Ao me dirigir para o local, falei em pensamento com meu Deus: "Senhor, sabes que não posso falar de ti aqui, mas que seja impossível não te verem em mim.".

A benção era grande e a oposição se levantava. Ao chegar no auditório, na hora do coffe-brake, que acontece antes de começar a palestra, uma das participantes entrou tomando sua bebida, com o auditório ainda vazio e sentou-se logo ao meu lado.

Ela sem querer, deixou o copo cair, poderia ter sido um desastre, a palestra já ia começar e eu não tinha outra roupa na empresa, mas para minha sorte, Deus não dorme, nem cochila... Ele me guardou, como sempre... O líquido só respingou no dedão do meu pé, a menina se desculpou e eu ainda a ajudei recolher o que havia caído.

Depois desta, fiquei ainda mais radiante, decidida a fazer a melhor palestra e assim aconteceu, com o auditório cheio. Ao final, uma colega do meu setor que tinha ido assistir, me procurou e disse: "Débora, fiquei emocionada, Deus tratou comigo!".

Perguntei sorrindo, como cúmplice de Deus: "Como assim? Não falei Dele!".

O tempo foi passando e depois da pandemia do Coronavírus, passei a trabalhar direto home office e até consegui tirar meus filhos do integral na escola. Teoricamente estava com o "trabalho que pedi a Deus", mas apesar disto o desejo de independência financeira ardia ainda mais no meu peito.

Eu estava feliz por estar em casa, porém estava muito estressada, tendo que dar conta de tudo ao mesmo tempo: trabalho, casa, almoço, levar as crianças na escola e buscar, inúmeras reuniões, tudo junto e embolado, fora que ainda era e sou mulher de pastor.

Um dia, com tantas coisas para fazer, mesmo que de férias, me perguntei, como ainda conseguia dar conta do trabalho, se de férias meu tempo já era escasso, só havia uma resposta e era a mesma: A misericórdia Dele abundante na minha vida!

Fui ao clube que nos associamos, que da piscina tem vista para as montanhas, elevei meus olhos acima delas...

"Elevo os olhos para os montes: de onde me virá o socorro? O meu socorro vem do Senhor, que fez o céu e a terra."

(Salmos 121. 1-2)

Na minha aflição e ansiedade do meu coração, clamei ao Senhor: "Senhor, meu plano financeiramente é para aguentar ao menos até o ano de 2022, mas eu não estou aguentando mais, queria agora!".

"lançando sobre ele toda a vossa ansiedade, porque ele tem cuidado de vós."

(1 Pedro 5.7)

A resposta da minha oração veio a jato. Dias depois que clamei, uma serva e profeta do Senhor, estava varrendo a igreja, quando Deus mandou que ela me perguntasse: "Estás preparada para a nova jornada?".

Entendi que tivesse a ver com minha oração e respondi a Ele com lágrimas: "Não sei Senhor, tu o sabes, me prepara...".

"E disse o Senhor: Tenho visto atentamente a aflição do meu povo, que está no Egito, e tenho ouvido o seu clamor

por causa dos seus exatores, porque conheci as suas dores.
Portanto desci para livrá-lo da mão dos egípcios, e para fazê-lo subir daquela terra, a uma terra boa e larga, a uma terra que mana leite e mel; ao lugar do cananeu, e do heteu, e do amorreu, e do perizeu, e do heveu, e do jebuseu.
E agora, eis que o clamor dos filhos de Israel é vindo a mim, e também tenho visto a opressão com que os egípcios os oprimem."
(Êxodo 3.7-9)

Poucos dias depois, na parte da manhã, ao chegar ofegante do supermercado e logar no notebook do trabalho, fui logo chamada para reunião pela minha gerente e esta depois de uma breve conversa comigo, junto a nossa superintendente, me falou: Você está demitida!

Era dia 05 de abril de 2021, um dia depois do aniversário de 65 anos do meu pai e exatamente na 2ª feira, após o domingo de Páscoa, para não deixar dúvida de que foi Ele quem despedaçou o meu jugo, acabou com minha servidão!

Naquele dia fiquei como quem sonha, deu para entender um pouquinho dos sentimentos do povo de Israel ao saírem do cativeiro babilônico e também quando foram libertos da escravidão no Egito e foi instituída a Páscoa para celebração...

"E acontecerá, naquele dia, que a sua carga será tirada do teu ombro, e o seu jugo do teu pescoço; e o jugo será despedaçado por causa da unção."
(Isaías 10.27 - Versão ACF - Almeida Corrigida Fiel)

Depois de tudo isto, estou livre? Me belisca! Não estou sonhando? Não preciso esperar mais 1 ano? Estou livre?! Sempre acreditei Nele! Mas ainda assim, ele me surpreende, faz de um jeito que não espero e sempre melhor do que planejo... É o Deus do infinitamente mais!

"Ora, àquele que é poderoso para fazer infinitamente mais do que tudo quanto pedimos ou pensamos, conforme o seu poder que opera em nós,"
(Efésios 3.20)

Para a gerente, não havia motivo, não era por nada que eu tivesse feito, pelo contrário, tinha alcançado respeito e sucesso na nova área, estava crescendo, otimizando tarefas, para ela foi questão de escolha, tinha que cortar custos. Nossa área foi reduzida drasticamente, ao juntar com outra, depois da saída do antigo diretor.

Porém, se para a gerente e para nossa atual superintendente, que eu já havia trabalhado no início da minha carreira e agora ao completar o ciclo, nossos caminhos se cruzaram novamente, se para ambas, o que estava acontecendo era mais uma penosa demissão, para mim, elas estavam sendo bênçãos, instrumentos de Deus para minha libertação!

"Livrei os seus ombros do peso, e suas mãos foram livres dos cestos."
(Salmos 81.6)

Eu sabia quem estava no controle da minha causa, quem ouviu minha oração, quem atendeu ao meu pedido e agora eu não tinha dúvida que meu tempo era chegado!

Senti-me como um filhotinho de águia, de repente saindo do ninho, da minha apertada acomodação, mas a voz segura da "águia mãe" ecoava na minha alma: "Voa passarinho! Você é livre!".

Ainda assustada, bati minhas asas e voei, mas sabia que ela me acompanhava de perto, guiava-me com seus olhos, qualquer perigo, sem dúvida, daria um rasante, me poria a salvo em suas asas e me levaria nas maiores alturas...

"Como a águia desperta a sua ninhada e voeja sobre os seus filhotes, estende as asas e, tomando-os, os leva sobre elas, assim, só o Senhor o guiou, e não havia com ele deus estranho."
(Deuteronômio 32.11-12)

A felicidade foi tamanha que até liguei a câmera do notebook, que não costumava ligar nas reuniões, para agradecer por tudo as minhas "chefas".

Nunca vi demissão tão em paz quanto a minha, saí deixando as portas abertas, eu que não pretendo voltar mais, a não ser à "passeio", sem contratos que me prendam.

Deixaram-me até a vontade para salvar meus arquivos pessoais, coisa que não ocorre normalmente. Geralmente cortam o acesso do funcionário à empresa, para depois anunciar sua demissão, ainda mais, quando se é da área de Informática, com acessos privilegiados, podendo com maldade deletar coisas importantes. Todavia, para honra e glória de Deus, eu tinha conquistado confiança e não precisei ser "expulsa", pude sair calmamente.

"Porquanto não saireis apressadamente, nem vos ireis fugindo; porque o Senhor irá adiante de vós, e o Deus de Israel será a vossa retaguarda."
(Isaías 52.12)

No Facebook, ao retratar com gratidão minha demissão, as pessoas não se lamentaram, não ficaram tristes... Foi incrível! Elas comemoraram, louvaram ao Senhor; consegui passar esta alegria no meu post, realmente era motivo de festa!

Não perdi nenhum de meus direitos como eu tanto queria. Fazia questão de receber a multa do FGTS e isso me preocupava antes, caso eu que tivesse que pedir para me mandarem embora, mas Deus já tinha mandado um recado anteriormente, me tranquilizando para não se preocupar, que na hora tudo seria resolvido. E foi! Não precisei pedir demissão a ninguém, só pedi a Deus "Libertação"!

Trabalhei muito tempo lá, assim como o Jacó da Bíblia trabalhou 14 anos para Labão, em troca de casar com Raquel, eu também faria 14 anos na Cia, no mês seguinte da minha demissão, em maio de 2021 (isto desconsiderando os quase 2 anos de estágio), por isso, pedia a Deus que na minha hora, acontecesse como com Israel que não saiu da escravidão de mãos vazias, e assim aconteceu comigo também!

"E eu darei graça a este povo aos olhos dos egípcios; e acontecerá que, quando sairdes, não saireis vazios, Porque cada mulher pedirá à sua vizinha e à sua hóspeda joias de prata, e joias de ouro, e vestes, as quais poreis sobre vossos filhos e sobre vossas filhas; e despojareis os egípcios."
(Êxodo 3.21,22)

Em março de 2021, antes da demissão, depois de voltar de férias, recebi a maior PL(Participação nos lucros) da minha carreira na SAS e fui muito bem avaliada.

E com a demissão em abril de 2021, até salário extra ganhei, como recompensa pelo tempo de empresa. Com a rescisão, conseguimos quitar o financiamento do nosso imóvel e investir mais para alavancar minha independência financeira. A previdência privada que tinha, a fim de pagar menos imposto, deixei para sacar em 2022 e aumentar um pouco mais minha renda passiva com os FII's(Fundos Imobiliários).

No mesmo dia de minha demissão, meu pai me ligou para dar entrada em sua aposentadoria por idade. Por bondade, misericórdia e bom humor de Deus na minha vida, me "aposentei" junto com meu pai, sendo que eu com 34 anos (um pouco antes do que tinha planejado, com 35) e ele com 65 anos.

Não queria passar de 35, minha filha de 10 e meu filho de 5 anos, para deixar de trabalhar fora; queria ser jovem ainda e curtir melhor a infância de meus filhos!

Aconteceu quase isso, mas ainda melhor. Minha independência financeira chegou quando eu tinha 34 anos, minha filha 9, meu filho 4 e meu marido 39.

Minha primogênita preocupada perguntou: "Vamos ficar pobres?" Imediatamente respondi: "Não dependo de trabalho e sim de Deus! Se o salário diminui, aumenta o desconto...".

Chegou a entrega do mercado e nossa mesa ficou repleta de alimentos e comprei até lote de Toddynhos, que acho que nunca tínhamos comprado tanto antes.

Confesso que gostava do Visa Vale de Alimentação e Refeição que recebia da empresa, mas não vou me lamentar como Israel, por cebolas do Egito, a liberdade não tem preço... Agora, era cupom de desconto da Americanas Mercado, Rappi e I Food.

Quem entendeu mais rapidamente o que estava acontecendo foi Daniel, nosso caçula que tinha 4 anos de idade. Ele quis ter certeza do que estava ocorrendo e perguntou para confirmar: "Mãe, você pode ir na rua? Mãe, você pode ir no cube (clube)?".

Ele nem sabia falar direito muitas palavras, mas deu para perceber direitinho que a mãe dele agora estava LIVRE!

Por conta da suposta "antecipação" de minha liberdade, o fato de ainda não ter a renda passiva que queria ter, parecia não ser o momento propício financeiramente e que o orçamento não ia fechar, mas deu, fechou!

Não foi ninguém que me demitiu, foi o Senhor quem me ouviu o clamor e me libertou e sendo Ele o nosso pastor, de nada teremos falta. Creio no Salmo 23, creio no Deus da Bíblia, Ele é o meu Deus!

A única despesa que cortamos foi a aula de canto que meu marido fazia e reduzimos, a principio, nossas caixinhas de gastos pessoais.

O financiamento do apartamento foi quitado, como já falei e além do mais, Deus me deu graça e favor perante as pessoas; conseguimos descontos na escola das crianças, estacionamento e até mesmo no clube.

Sim, fiz questão de continuar no clube, para nós não era um gasto supérfluo, era um local especial de passarmos nossos dias em família, ainda mais agora que poderia usufruir mais. E foi lá que clamei de todo coração a Deus, quando estava aflita, ansiosa, sobrecarregada e Ele me ouviu, nunca esquecerei! Agora eu estava livre! Toda vez que fosse ao clube, poderia realmente desfrutar dele, sem corrente invisível me prendendo, sem notebook, sem reuniões!

Minha família esperava que eu chorasse com a despedida da empresa. Eu tinha muito tempo e muita história para contar naquele lugar, é verdade, meu marido até chorou, mas eu não conseguia é parar de rir (acho que nos expressamos de forma diferente em momentos de alegria, ele também chorou em nosso casamento, enquanto eu sorria).

O que fazer então para marcar o dia da minha liberdade? Já sei! Vou é cantar o cântico do povo de Israel e de Moisés quando saíram do Egito e atravessaram o mar vermelho. Este cântico se encontra registrado na Bíblia Sagrada, em Êxodo 15 e começa assim: *"Cantarei ao Senhor, porque triunfou gloriosamente;"*.

Israel precisava comemorar, registrar e compartilhar esta história....

"Então testificarás perante o Senhor teu Deus, e dirás: Arameu, prestes a perecer, foi meu pai, e desceu ao Egito,

e ali peregrinou com pouca gente, porém ali cresceu até vir a ser nação grande, poderosa, e numerosa.
Mas os egípcios nos maltrataram e nos afligiram, e sobre nós impuseram uma dura servidão.
Então clamamos ao Senhor Deus de nossos pais; e o Senhor ouviu a nossa voz, e atentou para a nossa miséria, e para o nosso trabalho, e para a nossa opressão.
E o Senhor nos tirou do Egito com mão forte, e com braço estendido, e com grande espanto, e com sinais, e com milagres;
E nos trouxe a este lugar, e nos deu esta terra, terra que mana leite e mel.
E eis que agora eu trouxe as primícias dos frutos da terra que tu, ó Senhor, me deste. Então as porás perante o Senhor teu Deus, e te inclinarás perante o Senhor teu Deus,
E te alegrarás por todo o bem que o Senhor teu Deus te tem dado a ti e à tua casa, tu e o levita, e o estrangeiro que está no meio de ti."
(Deuteronômio 26.5-11)

Assim, como Israel, eu também precisava marcar esta data em meu calendário, para celebrar ano após ano, em gratidão ao Senhor, com minha família. E também não poderia deixar de compartilhar minha história, que pode edificar você!

"Esta noite se guardará ao Senhor, porque nela os tirou da terra do Egito; esta é a noite do Senhor, que devem guardar todos os filhos de Israel nas suas gerações."
(Êxodo 12.42)

Minha mãe não acreditava que eu não queria mais trabalhar fora, ela que sempre me ajudou nos estudos e diante das altas notas, me elogiava dizendo: "Minha garouuuuuuuta!" Já meu pai, apoiou minha decisão e se dirigiu a minha mãe: "Deixa a garota! Ela é investidora!".

Um fato interessante que me recordei é que assim que entrei no mercado de trabalho, minha primeira atuação foi como Operadora de Caixa, depois fui ser Recuperadora de Crédito nas duas empresas seguintes. Já nesta 4ª e última, se Deus quiser, apesar de ter ficado a maior parte do tempo como Programadora e depois como Analista de Sistemas, na verdade, encerrei a carreira cuidando do Orçamento de toda Informática (TI).

Comecei cuidando do caixa de uma loja, depois ajudei pessoas a recuperarem o crédito, negociando com elas e oferecendo bons descontos e finalizei analisando mensalmente em planilhas, papo de milhões de Reais (orçamento de toda a TI, de uma seguradora multinacional centenária)!

Eu tinha adquirido a experiência necessária e agora podia governar em minha própria casa com minha independência financeira. Vacas magras? Salário reduzido? Minha família estava preparada para isto, "ajuntamos em celeiros antes", com sabedoria, como José!

José da Bíblia, filho de Jacó, ao ser vendido como escravo pelos seus irmãos, também em seu início de carreira, aprendeu a governar primeiramente a casa de Potifar, depois foi governar na prisão, só então, depois de toda essa bagagem adquirida, Deus lhe cumpriu a promessa e lhe fez governar todo o Egito, salvando sua família e a terra da fome!

Amo o significado dos nomes que José deu aos seus filhos, depois de tudo que passou... Super me identifico!

"José ao primogênito chamou de Manassés, pois disse: Deus me fez esquecer de todos os meus trabalhos e de toda a casa de meu pai.
Ao segundo, chamou-lhe Efraim, pois disse: Deus me fez próspero na terra da minha aflição."

(Gênesis 41.51-52)

Meu sentimento hoje, em relação a minha vida profissional, ao "trabalho fora", melhor dizendo, é de missão cumprida; parecido com o do apóstolo Paulo, no versículo abaixo, escrito perto do final de sua vida e espero que eu chegue lá, assim como ele.

"Combati o bom combate, completei a carreira, guardei a fé."
(2 Timóteo 4.7)

Há uma alegria maior ainda, reservada para mim e para você, do que a independência financeira nesta vida!

CHEGUEI NO TOPO E AGORA?

10º Passo: Confiar, Administrar, Manter, Desfrutar e Repassar.

"A esperança que se adia faz adoecer o coração, mas o desejo cumprido é árvore de vida."
(Provérbios 13.12)

Graças a Deus, valeu a pena!

Meu dia chegou, quanto tempo esperei, muita coisa passei, chorei, fui humilhada, mas também sorri, aprendi muito ao longo do percurso, degrau por degrau, não pulei etapas, adquiri bagagem, paciência, perdoei quem devia perdoar, sobrevivi, triunfei em meio às adversidades e finalmente alcancei a independência financeira.

Um dia desses meu marido estava estressado trabalhando de home office para dar conta de uma entrega que normalmente leva 6 meses, mas apertaram o prazo e ele teve que correr para entregar em 2. Em seu atordoamento, ele repetia para mim: "Estou muito enrolado, você não tem noção!".

Calmamente, eu respondia: "Do seu trabalho específico, realmente não tenho, mas da correria, da pressão, eu tenho muita noção! O que você vive raramente, para mim era frequente na empresa privada, na seguradora que trabalhei por último. A qualquer momento, chegava um superior querendo algum trabalho para ontem e você tinha que entregar não importava o preço... Se ia ter que renunciar o seu sono, sua boa alimentação, seu tempo em família, seus compromissos...".

Certa feita continuei: "Sim, eu tenho noção do que você está passando neste momento! Mas, vou falar uma coisa que você, não tem noção! Estou aqui em casa, cuidando do meu lar e tem dinheiro caindo na minha conta... Ah! Como é gratificante receber renda passiva! Você não tem noção!".

Não falei para zoar meu marido, só para compartilhar mesmo minha satisfação, gratidão e alegria. Embora, ele às vezes, até mereça... Imagina que certo dia, ao me ver descansando um pouco na rede, ele me perguntou ironicamente: "Quer ajuda aí?". Respondi: "Tem que ralar muito para chegar onde cheguei!".

Brincadeiras à parte, meu amor sempre me apoiou em todo tempo. Lembro quando às vezes eu chegava cansada de hora extra no trabalho, tarde da noite e ele já tinha dado conta de tudo...

Aprendeu até a cozinhar, fazia nosso jantar quando precisava, certa feita preparou um peixe assado que quando me falou no telefone e divulguei no trabalho, um colega até duvidou: "É ruim, deve ser sardinha em lata!" Até eu duvidei, pensei de ter sido a mãe dele, mas não, foi ele mesmo e ficou muito bom! Minha independência financeira, na verdade, foi conquistada pelos dois. Planejei, mas ele me ajudou a executar e me apoiou em todo tempo, emocionalmente e financeiramente (afinal é tudo nosso).

Nossos filhos, também torciam por mim, ninguém chega ao topo sozinho! Inclusive a foto de capa do meu livro, a escada feita com blocos de construção, foi construída por eles! O interessante, é que o brinquedo em questão, foi um presente de Natal, ganho pelo caçula, no trabalho do pai.

Nosso menino, ainda não compreendia, mas por vezes, ao me ver voltar do trabalho, quando ele ainda era bebê, me aplaudia. E quando cheguei na independência financeira, através da demissão, como eu queria e pedia a Deus, foi quem sentiu mais rapidamente o que tinha acontecido: A mãe dele estava livre para ir e vir e para viver!

Não tem preço, ver pessoas que te amam, torcendo por você, vibrando com sua vitória, desfrutando contigo!

Todos se beneficiaram lá em casa.

Posso desfrutar com meu marido de suas folgas e meio expedientes.

Meus filhos, não ficam mais o dia todo na escola. Na verdade, quando começou a pandemia do Coronavírus e eu ainda estava trabalhando, ao perceber que o home office seria duradouro ou permanente, tratei de negociar na escola e os tirar do integral, começando desta forma um "estágio" para a minha IF (Independência Financeira).

Agora, temos muito mais tempo para as coisas que importam!

Não vivemos mais momentos de correria na hora de ir para o culto (como já disse, sou mulher de pastor). Na minha vida de outrora, de vez em quando, meu marido ficava preso com as crianças, me esperando chegar do trabalho, eu vinha na pressa e ele ia para a igreja estressado, por conta do horário.

Ainda trabalho muito, mas é diferente, agora trabalho para mim e para os meus, na minha casa, nos investimentos, em projetos pessoais, na igreja, nos meus livros, faço palestras também e o mais importante é o fato de cumprir o chamado de Deus para mim nesta Terra, com menos peso, embaraço e correntes me prendendo, até fora do horário previsto.

Se você também alcançou a independência financeira, tem uma renda passiva suficiente para arcar com suas despesas ou completar a de alguém (como no meu caso, minha renda complementa a de meu esposo, sendo suficiente para nossa família), você está livre!

Pode comprar seu tempo de volta, se quiser! E agora, que decisão tomar? Vai se aposentar? Vai fazer tudo que queria e não conseguia fazer antes, por falta de tempo?

Se você chegou a este nível honestamente, com suor, plantando e chorando, degrau por degrau, confiando em Deus e se esforçando, meus parabéns, pode comemorar com alegria sua colheita, porém ouça alguns conselhos de quem já está vivendo há um tempinho esta liberdade e adquiriu um pouquinho de experiência.

"Os que com lágrimas semeiam com júbilo ceifarão. Quem sai andando e chorando, enquanto semeia, voltará com júbilo, trazendo os seus feixes"
(Salmos 126.5-6)

1º Conselho: Confie em Deus!

Confiar na sua inteligência ou na força do seu braço? Elas são limitadas, não te serão suficientes em todo tempo e em todas as coisas...

"Uns confiam em carros, outros, em cavalos; nós, porém, nos gloriaremos em o nome do Senhor, nosso Deus."
(Salmos 20.7)

Confiar no dinheiro, nos recursos que você conseguiu adquirir? Também não!

"Que aproveita ao homem ganhar o mundo inteiro e perder a sua alma?"
(Marcos 8.36)

*"Exorta aos ricos do presente século que não sejam orgulhosos, nem depositem a sua esperança na instabilidade da riqueza, mas em Deus, que tudo nos proporciona ricamente para nosso aprazimento; que pratiquem o bem, sejam ricos de boas obras, generosos em dar e prontos a repartir;
que acumulem para si mesmos tesouros, sólido*

fundamento para o futuro, a fim de se apoderarem da verdadeira vida."
(1 Timóteo 6.17-19)

Se não quiseres ter frustrada tua esperança, confie no Senhor! Ele é Fiel e não muda!

"Para que a tua confiança esteja no Senhor, quero dar-te hoje a instrução, a ti mesmo."
(Provérbios 22.19)

Que você conheça e prossiga em conhecer ao Senhor, tenha um relacionamento sincero de intimidade com Ele, reconheça sua total dependência Dele e assim como o salmista e rei Davi, adquira confiança e segurança no Todo Poderoso.

"O Senhor é o meu pastor; nada me faltará."
(Salmos 23.1)

Prosperidade, no fim das contas, não é ser rico e sim não ter falta de nada!

Você pode ter dinheiro de sobra, mas há coisas que ele jamais poderá comprar, coisas básicas que todos nós precisamos, como perdão, salvação, alegria, amor, paz, consolo, esperança.

Tudo isso podemos ter de graça, mas só Deus é capaz de dar, através de Cristo Jesus e do Espírito Santo, fazendo morada em nós.

Perceba que mesmo que você tenha alcançado seu projeto de Independência Financeira, de Deus seremos dependentes eternamente.

"O que atenta para o ensino acha o bem, e o que confia no Senhor, esse é feliz."
(Provérbios 16.20)

2º Conselho: Resista a tentação de fazer tudo! Resista a tentação de não fazer nada!

Há pessoas workaolicks mesmo sem trabalhar fora e ter chefe, elas são escravas de seus próprios roteiros de tarefas, vivem afadigadas, estressadas, sobrecarregadas por serem seus próprios Faraós.

Querem fazer tudo ao mesmo tempo, esgotam a agenda e suas forças, não sabem priorizar, como aconteceu com Marta.

> *"Marta agitava-se de um lado para outro, ocupada em muitos serviços. Então, se aproximou de Jesus e disse: Senhor, não te importas de que minha irmã tenha deixado que eu fique a servir sozinha? Ordena-lhe, pois, que venha ajudar-me.*
> *Respondeu-lhe o Senhor: Marta! Marta! Andas inquieta e te preocupas com muitas coisas.*
> *Entretanto, pouco é necessário ou mesmo uma só coisa;"*
> (Lucas 10.40-42a)

Falo por experiência própria, pois por várias etapas de minha vida me identifiquei com essa personagem bíblica, preciso vigiar, pois ela está sempre "por perto", na verdade, ainda tenho ela dentro de mim, brigando com sua irmã Maria, a adoradora que priorizou ficar aos pés de Jesus, aquietando sua alma ao ouvir seus ensinamentos.

No início de minha independência financeira, virei minha própria chefe e era muito exigente, colocava tantas tarefas na minha agenda, que não dava para dar conta no mesmo dia, o que me fazia ficar cansada e um pouco frustrada.

Meu marido perguntava, exclamando: "Virou sua Faraó?!".

Estou ainda aprendendo a pisar no freio, metaforicamente e literalmente também, pois estou na Auto Escola.

Podemos fazer muitas coisas sim, mas não no mesmo dia, não ao mesmo tempo. É preciso priorizar, ordenar, dividir, pedir ajuda e planejar de forma realista, com o tempo que temos para cada dia e ainda assim submeter todos nossos planos e projetos ao Senhor, pois os Dele nunca serão frustrados.

"Bem sei que tudo podes, e nenhum dos teus planos pode ser frustrado."

(Jó 42.2)

Apesar de me descabelar muitas vezes como Marta e me afadigar com muitas tarefas, percebo que quando resolvo seguir o exemplo de Maria, sua irmã, e escolher a melhor parte, sou mais feliz.

"Tinha ela uma irmã, chamada Maria, e esta quedava-se assentada aos pés do Senhor a ouvir-lhe os ensinamentos."

(Lucas 10.39)

"Maria, pois, escolheu a boa parte, e esta não lhe será tirada."
(Lucas 10.42b)

Maria priorizou a visita ilustre de Jesus em sua casa, seus ensinamentos; a louça e as demais tarefas podiam esperar.

Assim também devemos priorizar Deus e depois as pessoas, inclusive nós mesmos, as coisas e as tarefas podem esperar.

Os afazeres de uma casa se tem todo dia, mas eu e meu esposo não seremos sempre jovens, nossos filhos não ficarão para sempre crianças e um dia provavelmente se casarão e sairão de nossa casa, daí os brinquedos espalhados que tanto incomodavam na arrumação da casa... Não sei completar estas reticências com palavras, deixo minhas lágrimas aqui. Por outro lado, há também os que se rendem a preguiça, tornando-se improdutivos, caminham a largos passos rumo à pobreza, não somente a financeira... Ainda que tenham conseguido a liberdade esperada, ela não durará muito, se não tiver o acompanhamento necessário e o pior ainda é a pobreza da mente vazia, desocupada!

"Passei pelo campo do preguiçoso e junto à vinha do homem falto de entendimento;
eis que tudo estava cheio de espinhos, a sua superfície, coberta de urtigas, e o seu muro de pedra, em ruínas.
Tendo-o visto, considerei; vi e recebi a instrução.
Um pouco para dormir, um pouco para tosquenejar, um pouco para encruzar os braços em repouso,
assim sobrevirá a tua pobreza como um ladrão, e a tua necessidade, como um homem armado."
(Provérbios 24.30-34)

Não aposente sua mente, você precisa continuar tendo sonhos, objetivos, projetos, propósitos, sendo útil para sua família e sociedade!

3º Conselho: Cuidado! O segredo não é só conquistar e sim também saber manter!

"Aquele, pois, que pensa estar em pé veja que não caia."
(1 Coríntios 10.12)

Muitos casam, mas não são todos que cumprem o "até que a morte nos separe".

Quando você compra um eletrodoméstico, um carro, uma roupa, ou um objeto novinho que você tanto queria, fica radiante, se alegra, mas com o tempo ele vai ficando velho e começa a surgir defeitos que chateiam, exigindo manutenções e reparos.

Boa parte dos indivíduos não querem gastar tempo consertando, se aborrecendo, tratam logo de adquirir outro novinho para substituir o velho, e assim como fazem com objetos, infelizmente, alguns tratam da mesma forma as pessoas, por isso muitos casamentos e amizades não duram.

Em se falando de independência financeira não é diferente. O segredo não é só conquistar, mas cuidar, saber manter.

Não use toda a renda passiva gerada, reinvista ao menos 20% dela, a fim de manter o poder aquisitivo do seu dinheiro.

Se hoje, R$2.000,00 é suficiente para arcar com os gastos de seu padrão de vida, amanhã não será, por conta da inflação. Sendo assim, é necessário que a medida que as contas aumentem, sua renda passiva cresça também.

Lembre-se também de que, colocando boa parte dos recursos em investimentos atrelados ao índice IPCA mais um percentual, você já forma uma proteção, mantendo seu dinheiro acima da inflação.

Avalie periodicamente seus investimentos e oportunidades de obter melhores ganhos, continue multiplicando seus recursos.

4º Conselho: Resista a tentação de sacar parte do montante acumulado ou todo ele!

Nem pense em olhar para o dinheiro acumulado para sua independência financeira e cobiçá-lo para trocar de carro fora de hora!
"Ufa! Ainda bem que li meu livro, especialmente o parágrafo anterior, né marido?!"
Viva como se este dinheiro acumulado não existisse. O que você tem é a renda passiva gerada: os juros, dividendos, rendimentos, aluguéis, isso é que compõe seu salário, pois se você diminuir o montante acumulado, sua renda provavelmente diminuirá podendo até acabar com sua independência financeira, não sendo mais suficiente para arcar com as despesas.

5º Conselho: Desfrute!

Saiba reconhecer e aproveitar o tempo oportuno para cada coisa. Passastes boa parte da vida plantando e chorando? Comemore o tempo da colheita e desfrute alegremente com os seus.

"tempo de plantar e tempo de arrancar o que se plantou;"
(Eclesiastes 3.2b)

Saiba que o dinheiro pode comprar muitas coisas, mas alegria verdadeira só a presença de Deus pode dar, para te fazer desfrutar de cada uma delas.

"Nada há melhor para o homem do que comer, beber e fazer que a sua alma goze o bem do seu trabalho. No entanto, vi também que isto vem da mão de Deus, pois, separado deste, quem pode comer ou quem pode alegrar-se?"
(Eclesiastes 2.24-25)

6º Conselho: Saiba que esta vida é passageira!

A Bíblia Sagrada, em Eclesiastes 3, nos diz que há tempo para todas as coisas. Assim como teve o dia do seu nascimento, provavelmente também chegará o dia de sua morte.

"há tempo de nascer e tempo de morrer;"
(Eclesiastes 3.2a)

A morte, assim como Deus, não faz acepção de pessoas. Seja rico ou pobre, culto ou analfabeto, forte ou fraco, negro ou branco, homem ou mulher, justo ou injusto.

"porquanto vê-se morrerem os sábios e perecerem tanto o estulto como o inepto, os quais deixam a outros as suas riquezas."
(Salmos 49.10)

Jó declarou sabiamente em momento de grande adversidade, após perder seus bens:

"Nu saí do ventre de minha mãe e nu voltarei; o Senhor o deu e o Senhor o tomou; bendito seja o nome do Senhor!"
(Jó 1:21)

Apesar de muitos de nós, vivermos como se nunca fôssemos morrer, temos ciência de que nosso dia vai chegar, exceto se passarmos pelo arrebatamento da Igreja de Cristo.

A questão é: Estamos preparados para quando nosso dia ou o de Cristo chegar? Temos a mesma convicção do salmista, em Salmos 49.15?

"Mas Deus remirá a minha alma do poder da morte, pois ele me tomará para si."
(Salmos 49.15)

Se confiarmos em Jesus como nosso único e suficiente salvador, não precisamos temer, pois Ele que é fiel e verdadeiro disse:

"Disse-lhe Jesus: Eu sou a ressurreição e a vida. Quem crê em mim, ainda que morra, viverá;"
(João 11.25)

Todavia, certamente, não poderemos levar nada deste mundo...

"pois, em morrendo, nada levará consigo, a sua glória não o acompanhará."
(Salmos 49.17)

As riquezas não poderão te acompanhar, a família e as demais pessoas que te amam também não. Sua inteligência, força, não te adiantarão, mas se você tiver confessado a Cristo como seu Salvador ainda nesta Terra, tenha certeza que ele não te abandonará jamais, estará contigo nesta passagem e você irá atravessá-la com segurança!

"Ainda que eu ande pelo vale da sombra da morte, não temerei mal nenhum, porque tu estás comigo; o teu bordão e o teu cajado me consolam."
(Salmos 23.4)

7º **Conselho:** Deixe herança à tua herança, não apenas recursos, mas lições de vida! Instrua e capacite quem fica!

"Herança do Senhor são os filhos; o fruto do ventre, seu galardão."
(Salmos 127.3)

"Ele estabeleceu um testemunho em Jacó, e instituiu uma lei em Israel, e ordenou a nossos pais que os transmitissem a seus filhos,

a fim de que a nova geração os conhecesse, filhos que ainda hão de nascer se levantassem e por sua vez os referissem aos seus descendentes;
para que pusessem em Deus a sua confiança e não se esquecessem dos feitos de Deus, mas lhe observassem os mandamentos;"
(Salmos 78:5-7)

Deixe dinheiro sim, mas não deixe só dinheiro!

"O homem de bem deixa herança aos filhos de seus filhos, mas a riqueza do pecador é depositada para o justo."
(Provérbios 13.22)

É preciso deixar instruções na teoria e na prática para que os sucessores saibam cuidar e manter, não somente os bens, mas principalmente a si mesmos. Não deixe de ensinar o amor e o respeito ao próximo e a Deus, ainda mais profundamente.

"Ensina a criança no caminho em que deve andar, e, ainda quando for velho, não se desviará dele."
(Provérbios 22.6)

Faça isso, se ama seus filhos e deseja que eles sejam bem-sucedidos em todas as coisas.

Faça isso, se quiseres deixar história, um legado de valor para a nova geração, pessoas que não apenas existam, mas que façam valer a existência, cumpram a missão do Alto que lhes é designada.

Deus, é um pai amoroso que faz questão de corrigir sempre que necessário e instruir, ensinar, guiar, nos direcionar, todas as vezes que o consultamos e reconhecemos a dependência que temos Dele.

"porque o Senhor corrige a quem ama"
(Hebreus 12.6a)

"Instruir-te-ei e te ensinarei o caminho que deves seguir; e, sob as minhas vistas, te darei conselho."
(Salmos 32.8)

8º Conselho: Se não tiver herdeiros ou caso o que você tenha adquirido, seja demais para eles, considere deixar para uma instituição de caridade.

"Quem se compadece do pobre ao Senhor empresta, e este lhe paga o seu benefício."

(Provérbios 19:17)

Porém, não deixe para fazer o bem apenas em sua morte, reparta sempre, ajude quem precisa, conforme suas forças e recursos que tiver.

"O generoso será abençoado, porque dá do seu pão ao pobre."
(Provérbios 22.9)

Jesus ensina que amando a Deus sobre tudo e ao próximo como a nós mesmos, cumprimos todos os mandamentos. O amor verdadeiro não consiste só em palavras, mas é acompanhando de atitudes.

"Aquele que tem os meus mandamentos e o guarda, esse é o que me ama; e aquele que me ama será amado por meu Pai, e eu também o amarei e me manifestarei a ele."
(João 14.21)

"Se um irmão ou uma irmã estiverem carecidos de roupa e necessitados do alimento cotidiano,

e qualquer dentre vós lhes disser: Ide em paz, aquecei-vos e fartai-vos, sem, contudo, lhes dar o necessário para o corpo, qual é o proveito disso?
Assim, também a fé, se não tiver obras, por si só está morta."
(Tiago 2.15-17)

Aviso.: *Este livro não acaba aqui, contemple mais uma escada... Continua... Olha o Final!*

Palavra Final

Provavelmente, o que te atraiu para leitura do meu livro foi o interesse na área de finanças, investimentos, conhecer o passo a passo rumo à independência financeira que vivi. Espero sinceramente que ele te ajude a chegar lá também!

Sim, este livro é sobre investimentos que tanto gosto, sobre independência financeira e foi baseado em minha própria história profissional e de vida como um todo. Porém, há algo mais profundo, que talvez você não tenha vindo procurar, mas sem dúvida, vai achar...

"Fui buscado pelos que não perguntavam por mim; fui achado por aqueles que não me buscavam; a um povo que não se chamava do meu nome, eu disse: Eis-me aqui, eis-me aqui."
(Isaías 65.1)

Deus está neste livro! Foi Ele quem me mandou escrever sobre investimentos, a princípio nem queria, gosto para mim, mas não a ponto de querer escrever um livro sobre isto, mas quando Ele falou, no mesmo dia já fiz o esboço.

Ele marcou um encontro contigo, bem aqui... Não sabias?! Que surpresa!

Ele quer mudar sua vida, não somente a financeira, mas ela todinha para ficar do agrado dele e poder te fazer verdadeiramente feliz com a salvação de sua alma, através da morte e ressurreição de seu filho Jesus Cristo, por intermédio de quem podemos usufruir da liberdade dos filhos de Deus; a libertação do pecado e das trevas que nos aprisionavam e o recebimento da paz que excede todo entendimento.

"Eu é que sei que pensamentos tenho a vosso respeito, diz o Senhor ; pensamentos de paz e não de mal, para vos dar o fim que desejais.
Então, me invocareis, passareis a orar a mim, e eu vos ouvirei.
Buscar-me-eis e me achareis quando me buscardes de todo o vosso coração.
Serei achado de vós, diz o Senhor , e farei mudar a vossa sorte"
(Jeremias 29.11-14)

Assim como no primeiro capítulo do meu livro relatei o sonho da escada que tive, agora, ao seu final, quero te apresentar outra escada, bem superior, sobrenatural, que irá te surpreender, a escada que foi revelada no sonho de Jacó, da Bíblia Sagrada:

"E sonhou: Eis posta na terra uma escada cujo topo atingia o céu; e os anjos de Deus subiam e desciam por ela.

Perto dele estava o Senhor e lhe disse: Eu sou o Senhor, Deus de Abraão, teu pai, e Deus de Isaque. A terra em que agora estás deitado, eu ta darei, a ti e à tua descendência. A tua descendência será como o pó da terra; estender-te-ás para o Ocidente e para o Oriente, para o Norte e para o Sul. Em ti e na tua descendência serão abençoadas todas as famílias da terra.

Eis que eu estou contigo, e te guardarei por onde quer que fores, e te farei voltar a esta terra, porque te não desampararei, até cumprir eu aquilo que te hei referido.

Despertado Jacó do seu sono, disse: Na verdade, o Senhor está neste lugar, e eu não o sabia.

E, temendo, disse: Quão temível é este lugar! É a Casa de Deus, a porta dos céus.

Tendo-se levantado Jacó, cedo, de madrugada, tomou a pedra que havia posto por travesseiro e a erigiu em coluna, sobre cujo topo entornou azeite."

(Gênesis 28.12-18)

No topo desta última escada apresentada, há algo superior a independência financeira, nela está a tua salvação.

Há alguém lá nas alturas junto ao seu Filho, este que já desceu até aqui para nos resgatar, nos libertar e agora está lá em cima, com todo poder e autoridade, mas ainda humildemente, pacientemente, te convidando com amor a subir...

Prossiga ao alvo, continue até chegar, suba ao seu encontro e lhe conheça não apenas de ouvir falar, mas tenha intimidade com Ele, no topo desta escada está tudo que você precisa!

Este livro é uma ferramenta Dele para abençoar não somente sua vida financeira, mas toda ela, em todas as áreas, tome posse, acreditando e fazendo sua parte!

Que o Todo-poderoso, que me mandou escrever este livro, te salve, te abençoe, te guarde e te ajude a alcançar a tão sonhada independência financeira!

Agradecimentos

Primeiro a Ele que é digno de toda Honra, Glória e Louvor, meu Lindo, meu Deus!
Ao meu esposo, Carlos Maurício, companheiro em todas jornadas!
Aos meus pais, Maria de Fátima e José, que me ajudaram a construir a base sólida de minha escada.
Aos meus filhos, Moriah e Daniel, a quem Deus me deu a missão de ensinar a construir as deles, firmes na Rocha!
A minha amiga e irmã em Cristo, Valéria, minha mãe de oração!
Aos irmãos, das igrejas de Nova Vida de todo Brasil, especialmente aos da Nova Vida da Usina, com os quais tenho o privilégio de atuar no ministério atualmente.
Aos inscritos, no meu Canal no Youtube "Fé, Foco e Finanças com Débora Aieta", que me ajudam a propagar mensagens que ajudam, instruem e edificam vidas!
Minha gratidão a vocês!

Bibliografia

Bíblia Sagrada Versão ARA (João Ferreira Almeida Revista e Atualizada): http://www.bibliaonline.com.br

AIETA, Débora. **A Gestão de Projetos na Independência Financeira**: Rio de Janeiro, 2019

https://www.nuinvest.com.br/investimentos

https://smarttinvest.com/2021/06/30/tributacao-de-etf-como-calcular-e-declarar-o-imposto-de-renda/

https://www.b3.com.br/pt_br/produtos-e-servicos/negociacao/renda-fixa/debentures.htm

https://valorinveste.globo.com/blogs/consultorio-financeiro/post/2021/03/quanto-sera-cobrado-de-imposto-de-renda-para-resgatar-um-plano-de-previdencia.ghtml

https://pt.wikipedia.org/wiki/Renda_fixa

https://comoinvestir.anbima.com.br/escolha/compreensao-de-conceitos/o-que-e-liquidez-2/

https://www.onze.com.br/blog/b3-ou-bovespa/https://

www.tororadar.com.br/blog/taxa-de-corretagem-o-que-e

https://www.infomoney.com.br/mercados/taxa-de-corretagem-entenda-como-funciona-a-cobranca/

https://blog.pagseguro.uol.com.br/taxas-de-fundos-de-investimento-veja-como-funcionam-e-como-sao-cobradas-as-taxas-de-administracao-e-de-performance/

https://ajuda.nuinvest.com.br/hc/pt-br/articles/360051564193-Como-resgatar-CRI-ou-CRA-

https://www.euqueroinvestir.com/o-que-sao-debentures/

https://www.infomoney.com.br/minhas-financas/plano-de-previdencia-no-planejamento-sucessorio-como-usar-e-o-que-fazer-para-evitar-problemas/

https://economia.uol.com.br/financas-pessoais/noticias/redacao/2019/03/11/melhor-idade-para-entrar-plano-de-previdencia-privada.htm

https://www.istoedinheiro.com.br/previdencia-privada-e-uma-aplicacao-de-risco/

https://conteudos.xpi.com.br/aprenda-a-investir/relatorios/iof/https://www.tesourodireto.com.br/noticias/novidade-mudanca-na-taxa-de-custodia-dos-titulos-do-tesouro-direto.htm

https://valorinveste.globo.com/produtos/renda-fixa/tesouro-direto/noticia/2021/10/06/momento-de-investir-em-titulos-publicos-de-curto-prazo-e-agora-dizem-especialistas.ghtml

https://conteudos.xpi.com.br/aprenda-a-investir/relatorios/fgc/

https://valorinveste.globo.com/mercados/brasil-e-politica/noticia/2021/09/03/reforma-tributaria-entenda-tudo-que-vai-mudar-no-imposto-de-renda.ghtml

https://riconnect.rico.com.vc/blog/rating-de-credito

https://www.cnnbrasil.com.br/business/com-selic-acima-de-85-rendimento-da-poupanca-volta-a-seguir-regra-antiga/

https://valorinveste.globo.com/produtos/renda-fixa/noticia/2021/12/08/regra-antiga-da-poupanca-volta-a-valer-com-alta-da-selic.ghtml

https://www.in.gov.br/en/web/dou/-/comunicado-n-37.921-de-12-de-novembro-de-2021-359561516

https://fdr.com.br/2021/12/15/tabela-do-imposto-de-renda-sera-corrigida-para-2022-saiba-detalhes/

https://economia.uol.com.br/noticias/redacao/2019/12/21/poupanca-como-investir-dinheiro-rendimento.htm

https://www.investidor.gov.br/menu/Menu_Investidor/valores_mobiliarios/debenture.html

https://urbe.me/lab/o-que-sao-bdrs/

T. KIYOSAKI, Robert. **Pai Rico Pai Pobre**: Rio de Janeiro: Alta Books, 2018

https://fiis.com.br/artigos/95-de-distribuicao-mensal-de-dividendos-sera/

https://fiis.com.br/artigos/12-importantes-criterios-que-todo-investidor-de-fiis-deve-levar-em-consideracao/

https://www.infomoney.com.br/minhas-financas/como-restituir-na-declaracao-de-ir-o-dedo-duro-descontado-no-investimento-em-acoes/

https://g1.globo.com/economia/noticia/2021/09/04/imposto-de-renda-entenda-o-que-a-reforma-muda-nos-investimentos-e-dividendos.ghtml

https://consolidador.kinvo.com.br/conteudo/artigos/quais-sao-as-diferencas-entre-cdb-e-rdb-descubra/

https://fgc.org.br/

www.ingramcontent.com/pod-product-compliance
Lightning Source LLC
Chambersburg PA
CBHW071359210526
45465CB00001B/175